AF139412

Pfarrer Lutz

**Die Weissagungen von Karlshuld und der Anfang
der apostolischen Kirche in Süddeutschland**

L. W. Scholler

Impressum:

Pfarrer Lutz	Die Weissagungen von Karlshuld und der Anfang der apostolischen Kirche in Süddeutschland von L. W. Scholler

4. Auflage vom 1. März 2014

(Hrsg.) V.i.S.P. Adlerstein Verlag
Hans-Jürgen Sträter
Wacholderstr. 26
26639 Wiesmoor

Tel.: 04944-5815
Fax.: 04944-5839
Email.: kontakt@adlerstein.de
Homepage: www.adlerstein-verlag.de

Foto: Apostelkirche der evangelischen Gemeinde Krumbach
mit Genehmigung von Pfarrer Ulrich Funk
Diese Kirche war das erste Gotteshaus der
Kathol. Apostol, Kirche in Süddeutschland
hier hat auch Pfarrer Lutz gepredigt.
Nach den Sylvestergottesdiensten treffen sich alle Christen
von Krumbach auf dem Vorplatz der Apostelkirche
und erhalten einen „Ökumenischen Segen" (seit 2000).

Herstellung und Verlag: Books on Demand, Norderstedt

ISBN: 9783732296477

Inhaltsverzeichnis

VORWORT

Ein Schmerz erwacht mehr und mehr in der Kirche, in ihren geistlich lebendigen Gliedern. Es ist der Schmerz über die Spaltung, die in sie eingedrungen ist, über den Verlust der Herrlichkeitsfülle, die ihr im Anfange verliehen war. Umsonst haben in vergangenen Zeiten die edelsten Söhne der Kirche nach Wiederherstellung der verlorenen Einheit, nach Wiedererlangung der ursprünglichen Gnadengüter gerungen; unüberwindliche Hindernisse sahen sie sich entgegengestellt. Ist aber der Schmerz der Glieder Christi nicht ein Widerhall der Gefühle, die das Herz des himmlischen Hauptes bewegen? Und wird der erhöhte Herr, der Mensch gewordene Sohn Gottes, nicht selbst hervortreten, um Seiner Kirche die verlorene Einheit und Herrlichkeit wiederzugeben? Wird Er sie nicht bereit machen für Seine Erscheinung? Der Glaube der Heiligen ist Seiner Hilfe gewiss und das Wort der Verheißung stellt sie in sichere Aussicht. Sollen Gottes Kinder nicht ihrer harren? Sollen sie nicht den Kundgebungen des Herrn im Geiste lauschen, ob Er sich nicht aufmacht von der Rechten des Vaters, um Seine und Seines Volkes Sehnsucht zu stillen? Müssen Gottes Kinder nicht suchen, um zu finden? Der Mann, dessen Lebensbild wir hier näher treten, hat gesucht und diese Blätter berichten, was er gefunden hat. Möge Lutzens Geschichte dem Volke Gottes zum Segen sein!

Augsburg, am Tage der Darstellung des Herrn, 2. Februar 1891, *L. W. Scholler*

I. KINDHEIT, JUGEND, ERSTE AMTSWIRKSAMKEIT

Johann Evangelist Georg Lutz wurde am 12. März 1801 zu Burg im bayerischen Schwaben als Kind einfacher Landleute geboren. Von sechs Geschwistern war er das älteste. Schon frühe traten bei dem Knaben gute Begabung und ein frommer Sinn hervor. Vom Großvater, der im elterlichen Hause wohnte, hat sich die einem Verwandten gegenüber getane Äußerung erhalten: „Pass auf, aus dem Hansjörg wird etwas werden; ich sehe ihn im Hause immer knien und beten. Ich erlebe es nicht mehr, aber du wirst's erleben." Der Pfarrer von Burg, Johann Lutzenberger, nahm sich des Knaben an, unterrichtete ihn im Latein und trug Sorge, dass er auf das Gymnasium zu Dillingen kam. Während des Aufenthaltes daselbst trat eine für Georgs Zukunft bedrohliche Wendung ein, als sein Vater 1817 starb und die Seinen in großer Not zurück ließ. Auf dem Hause und den Gütern ruhten Schulden; die Witwe war kaum im Stande, die Kinder, von welchen fünf noch klein waren, kümmerlich zu ernähren. Da schwand bei der Mutter die Hoffnung, dass ihr ältester Sohn weiter studieren könne, und bald hieß es: „Hansjörg, du musst wieder heim." Dies war für Georg ein schwerer Schlag. Indes kam Hilfe von Oben. Veranlasst durch Pfarrer Lutzenberger, nahmen sich edelgesinnte Christen der Umgegend, besonders Thannhausens, des jungen Mannes an und setzten ihn durch fortlaufende Unterstützung in den Stand, seine Studien zu vollenden.

Das geistliche Leben des jugendlichen Lutz trug ganz den Charakter, wie er gewöhnlich in der römisch-katholischen Kirchenabteilung bei ernsten Christen gefunden wird. Georg war mit Eifer einer strengen Askese ergeben und unermüdet bedacht, durch eigenes Tun sich Wohlgefallen bei Gott, Leben und Seligkeit zu erwerben. Jedoch fiel schon zu jener Zeit ein Strahl evangelischen Lichtes, das nach langer Verdunkelung einer Anzahl Christen der römischen wie der protestantischen Kirche wieder aufgegangen war, in sein von Unruhe und Seelenangst gequältes Herz. Damals entstand in ihm das lebendige Verlangen, mit den Männern, welche in jenen Tagen das Licht des Evangeliums in Bayern und über dessen Grenzen hinaus leuchten ließen, wie Bischof Sailer und Pfarrer Boos, in persönliche Berührung zu kommen. Um Ersteren kennen zu lernen, machte er die weite Fußreise nach Regensburg. Verwundert war der naive Jüngling, in Sailer, den er auch durch Körpergröße imponierend sich gedacht hatte, einen von Gestalt unansehnlichen Mann zu finden. An dem Abend, an welchem Lutz bei Sailer eintraf, kamen noch zwei andere Theologen und zwar ein lutherischer und ein reformierter zu dem die ganze Kirche in wahrhaft katholischer Liebe umfassenden Bischof. An allen dreien hatte Sailer seine herzliche Freude. Lutz erzählte über diesen Besuch: „Das Herz ging uns auf, wir waren ganz daheim. Es wurde mir klar, wie dieser Mann so segensreich auf die verschiedenen Konfessionen wirken konnte. Er machte keinen Unterschied zwischen denselben, redete nur von Einer Kirche und sah in allen Christen Glieder derselben. Er sprach viel von Gottes Wirken in jener Zeit unter Christen verschiedener Konfessionen als von einem Zeichen, dass der Herr Seine Kirche einigen wolle. Im Hinblick auf die Erweckungen, welche eine Frucht der Arbeit des seligen Boos waren, sagte Sailer: „Wenn die Kirche diesem Wirken des Geistes Gottes in unserer Zeit widersteht, wird der Herr von einer andern Seite her Hilfe schaffen und sie werden es nicht mehr dämpfen können." Auch hob er hervor, wie gut es wäre, wenn die Gottesdienste in deutscher Sprache gehalten würden und bemerkte, wie er immer bestrebt sei, dies zu erreichen. „Wie werdet ihr euch freuen" rief er aus, „wenn es dazu gekommen sein wird!" — Wir wurden nachher alle drei auf ein Lager zur Ruhe gebettet. Es war ein Strohlager, denn bei Bischof Sailer, der sich selbst sehr einschränkte, um gegen Andere freigebig sein zu können, war Alles sehr einfach. Wie wohl fühlten wir uns aber auf unserem Lager! Als wir nun alle drei nebeneinander ruhten, trat der Bischof vor uns hin und sagte: „Da streiten sich immer die Konfessionen, die römische, die lutherische und die reformierte, und nun haben wir sie beisammen!"

Die innigste Verehrung widmete Lutz dem Pfarrer Martin Boos, in dessen tieffrommen Herzen das Licht evangelischer Erkenntnis unter den römisch-katholischen Geistlichen Bayerns zuerst wieder hervor gebrochen war, welcher Unzähligen, römischen Katholiken, wie Protestanten, zum Segen war und nach vielen Leiden und Verfolgungen, die um des Glaubens willen über ihn gekommen waren, im Jahre 1825 in Seeg am Rheine sein gesegnetes Leben beschloss. Lutz hat Boos nie gesehen, aber er hat mit ihm korrespondiert. Das Leben des Pfarrers Boos blieb für Lutz in dem Grade eine Quelle geistlicher Erquickung, dass er noch in seinem Alter Joh. Goßners Biographie des seltenen Mannes alljährlich einmal durchlas.

Neben Boos und Sailer war Luther durch seine Schriften auf Lutz von tiefgehendstem Einfluss. Zuerst wurde er von Luthers Schatzkästlein, das er einmal auf dem Augsburger Trödelmarkt fand, mächtig ergriffen. Luthers Geist und Glaubensanschauungen wurden für sein späteres Leben von wesentlich bestimmender Bedeutung.

Außerdem waren es die Schriften von Tauler, Thomas a Kempis und Arndt, die dem jungen Manne zu besonderem Segen gereichten.

Durch solche Männer lernte er Christum als unsere Gerechtigkeit kennen und fand für sein bekümmertes Herz Trost und Frieden. Schon frühe nahm er sich vor, wenn der Herr ihn dereinst im kirchlichen Amte gebrauchen würde, nur Christum als unsere Gerechtigkeit zu predigen.

Seine erste Predigt hielt er im Jahre 1821. Er sagte darüber: „Ich war sehr ängstlich und verzagt, aber der Herr stand mir bei."

Nach seiner Ordination vikarierte er zunächst als Prediger und Seelsorger in Weißenhorn, Burg und Unterroth. Die Monate, welche er in Weißenhorn und Unterroth zu brachte, blieben ihm wegen ihrer Lieblichkeit unvergesslich. Er hielt dafür, dass der Herr an diesen beiden Orten ein großes Volk habe. Im Jahre 1824 übernahm er als Pfarrvikar die Pastoration der Pfarrei Grimoldsried bei Schwabmünchen. Hier erfuhr er vieles Bittere und wurde seine Wirksamkeit sehr erschwert.

Er nannte die Erfahrungen der zwei Jahre, welche er in Grimoldsried zubrachte, eine Leidensglut und sehnte sich zuletzt nach einer Versetzung auf einen andern Posten, wie nach einer Erlösung. Eben als er sich mit dem Gedanken beschäftigte, das bischöfliche Ordinariat in Augsburg um Versetzung zu bitten, erhielt er von zwei Freunden die Nachricht, der Bischof von Augsburg habe ihn zum Pfarrvikar für die bei Neuburg a./D. im sogenannten Donaumoose gelegene Kolonistengemeinde Karlshuld bestimmt. Die beiden Briefe, welche diese Nachricht enthielten, stellten zwar die Verhältnisse dieser Gemeinde als traurige dar, für Lutz aber kamen sie dennoch wie zwei Boten vom Himmel. Er hatte sich schon lange nach einem Posten gesehnt, der tüchtige Arbeit erforderte.

Indessen ließ das bischöfliche Ordinariatsdekret lange auf sich warten. Lutz reiste nach Augsburg, um sich nach der Ursache der Verzögerung zu erkundigen, und erfuhr dort, dass man aus Rücksicht auf seine bedürftige Familie von seiner Versetzung nach Karlshuld absehen und ihn in Grimoldsried belassen wolle. Das Wohl seiner Mutter und seiner damals noch unmündigen Geschwister lag ihm nun sehr am Herzen. Doch wollte er seine Familienverhältnisse nicht den Angelegenheiten der Kirche vorangestellt wissen, und bat daher, wenn man ihn für Karlshuld geeignet halte, ihn dahin zu senden, von der Überzeugung durchdrungen, dass Gott es dann auch den Seinen nicht werde fehlen lassen.

Hierauf erhielt er vom bischöflichen Ordinariat Augsburg folgendes Dekret: „Im besonderen Vertrauen auf die Kenntnisse, Pastoralklugheit und Berufseifer, verbunden mit schön priesterlichem Wandel des Herrn Vikars Georg Lutz in Grimoldsried, wurde unter Einem die Verfügung getroffen, denselben von Grimoldsried als Vikar nach Karlshuld zu versetzen.

Indem man ihn hiervon in Kenntnis setzt, wird bemerkt, er habe seinen zeitlichen Posten ungesäumt zu verlassen, in Karlshuld nach dem in Händen habenden Instrumente zu pastorieren, von dieser Verfügung das einschlägige Dechanat und die Zivilbehörde in Kenntnis zu setzen; wogegen ihm die K. Regierung einen Betrag von 40 Gulden vom Zeitpunkte der Funktion an bei dem K. Rentamt Neuburg zur Zahlung anweisen wird."

Das Dekret war vom 26. Juli 1826 datiert. Am 22. August verließ Lutz Grimoldsried und traf am 23. August in seinem neuen Bestimmungsort ein, der ihm vor Empfang der erwähnten beiden Briefe auch nicht dem Namen nach bekannt gewesen war.

II. KARLSHULD IM DONAUMOOS

Das sogenannte Donaumoos, ein ausgedehntes Moor (Moos ist die landesübliche Bezeichnung für Moor), auf dessen Vorgeschichte, der hervorragenden Bedeutung wegen, die es für den Gegenstand dieser Schrift hat, wir näher eingehen wollen, liegt zwischen den Städten Neuburg und Ingolstadt und den Flecken Reichertshofen und Pöttmes. Es ist drei Meilen lang und eine Meile breit. Wegen der Nähe der Donau, welche an dem nördlichen Ende des Mooses vorbei strömt und offenbar zur Bildung desselben viel beigetragen hat, erhielt es den Namen Donaumoos. Um das Jahr 1790 war dasselbe noch ein Sumpf, in welchen man sich nur bei genauer Ortskenntnis ohne Lebensgefahr hinein wagen konnte. Beim Betreten desselben mussten selbst Leute, die es genau kannten, mit Stangen versehen sein, um beim Sinken einen Halt zu haben. Eine Stelle im Moose führt die Bezeichnung Brautlache, zur Erinnerung an eine im Sumpf umgekommene Hochzeitsgesellschaft. Weil das Moos für Fremde unzugänglich und an vielen Stellen mit Gebüsch besetzt war, bildete es in Kriegszeiten einen sicheren Zufluchtsort für die ganze Nachbarschaft.

Dieser ungeheure Morast hatte auf das Klima und dadurch sowohl auf die Gesundheit der Bewohner der Umgegend als auch auf Landwirtschaft und Viehzucht einen höchst nachteiligen Einfluss. Um letzteren zu beseitigen und auch um den großen Flächenraum des Sumpfes für die Kultur zu gewinnen, kam man auf den Gedanken, denselben trocken zu legen. Unter der Regierung des Kurfürsten Karl Theodor wurde im Jahr 1790 mit der Trockenlegung begonnen und in etwa 5 Jahren war das Werk vollendet. Das Klima der Umgebung des Mooses besserte sich nun in der Tat von Jahr zu Jahr, Landwirtschaft und Viehzucht kamen empor und die Sterblichkeit sank auf den Normalgrad herab.

Nach der Trockenlegung fand sich auf dem größten Teil des Mooses eine Torfschicht, welche oft, wie in der Kolonie Karlshuld, eine Tiefe von 20 Fuß erreicht. Nach der Trockenlegung des Mooses begann man auf demselben die Errichtung von Kolonien. Noch vor Ablauf des vorigen Jahrhunderts wurde unter der Regierung des Kurfürsten und späteren Königs Maximilian Joseph und auf Veranlassung derselben von Ansiedlern aus der Rheinpfalz die Orte Ober- und Untermaxfeld und Neuschwetzingen gegründet. Diese Orte wurden von der Regierung begünstigt und vielfach unterstützt, ihre Bewohner waren meist protestantisch und bildeten gemeinschaftlich eine Pfarrei mit eigenen Schulen und einer vom Staat gebauten Kirche zu Untermaxfeld, wo auch der Pfarrer seine Wohnung erhielt. Pfarrer und Schullehrer wurden von der Regierung besoldet, die Gemeindeglieder hatten weder Schulgeld noch Stolarien zu entrichten. Neben diesen staatlichen Kolonien wurden später mehrere Privatkolonien angelegt. Dabei geschahen aber Missgriffe. Um zur Anlage solcher Kolonien zu ermuntern, verlieh man jedem, der zweihundert Morgen kaufte, die sogenannte Hofmarksgerechtigkeit, das Recht, eine Kolonie zu gründen.

Zu diesen neuen Kolonien strömten, da Jedermann ohne jede Bedingung aufgenommen wurde, von allen Seiten Leute herbei. Die Ackergründe, welche die einzelnen Anbauer erhielten, waren daher oft so klein, dass die Besitzer unmöglich ihr Fortkommen darauf finden konnten und dazu wurden im Gegensatz zu den ersten, von der Regierung errichteten Kolonien, die Anbauer der neuen Hofmarken mit Grundzinsen, Laudemien u. s. w. belastet. Einer der neuen Hofmarksherren, welcher unglücklicherweise auch noch die Verwaltung mehrerer anderer Hofmarkskolonien erhalten hatte, siedelte gar auf 36 Morgen 32 Familien an, deren jährliche Abgabe mehr als den Grundwert ihres Eigentums betrug. Er brachte diese unglückliche Bevölkerung meistens dadurch zusammen, dass er Bettler von der Straße aufnahm, ihnen die Heiratserlaubnis erteilte und sie zu Kolonisten erklärte. Die notwendige Folge solch unverantwortlichen Vorgehens war, dass das Donaumoos zur Heimat und Pflanzstätte von Bettlern und Dieben wurde.

In der Mitte des Donaumooses liegt die Kolonie Karlshuld, die größte und bedeutendste im oberen Donaumoose. Die ersten Ansiedlungen dieser Kolonie fanden in den Jahren 1796 und 1797 auf Moosgründen statt, welche einem adeligen Gutsbesitzer gehörten. Diese Kolonie war in ihrer ursprünglich projektierten Anlage musterhaft. Der Grundherr hatte die Absicht, auf seinen Gründen höchstens 20 Familien sich ansiedeln zu lassen, wobei auf jede derselben so viele Grundstücke gekommen wären, dass sie bei Fleiß und Sparsamkeit davon hätten leben können. Leider ging man aber von diesem Plane ab und auf die für 20 Familien berechneten Gründe wurden 126 Familien aufgenommen, noch dazu meistens Leute, die für Landwirtschaft weder Geschick noch Lust zeigten. So wurde gleich bei Gründung Karlshulds auch der Grund zu dem sozialen Elend dieser Kolonie gelegt.

Vergegenwärtigen wir uns nun die Verhältnisse, wie sie im Jahre 1826 bestanden, als Lutz nach Karlshuld versetzt wurde. Die Leute wohnten in armseligen Häuschen, die notdürftig aus Holz auf dem lockeren Torfboden errichtet waren. Eine enge, niedere, finstere Stube nebst einem noch elenderen Kämmerchen bildete gewöhnlich für die ganze Familie den Wohn- und Schlafraum. Der Fußboden war meist nackter Erdboden, nur zuweilen mit Brettern belegt.

Bei anhaltendem Regen drang das Wasser aus dem ohnehin feuchten Boden und übte den schlimmsten Einfluss auf die Gesundheit aus. Wohl die meisten Kolonisten hatten keine Betten und schliefen auf Stroh. Brot war selten; Kartoffeln bildeten die Hauptnahrung, und manchmal fehlten auch diese. Kleine Kinder konnten oft nicht die natürliche Nahrung erhalten, ja selbst in einem Alter von 14 Tagen wurde ihr Hunger mit erbetteltem Brot gestillt. Kranken fehlte die nötige Pflege, an ärztliche Hilfe war kaum zu denken.

Was die geistigen und religiösen Verhältnisse Karlshulds anbetrifft, so waren die Leute, wiewohl sich ihre Zahl schon in den ersten Jahren der Ansiedlung auf mehrere Hunderte belief, anfänglich fast ohne allen Schul- und Religionsunterricht.

Sie waren zwar nach dem benachbarten Weichering eingepfarrt, allein da dessen Kirche schon für die dortige Pfarrgemeinde zu klein war, fanden sie darin selten Platz. Überdies liegt Weichering anderthalb Stunden von Karlshuld entfernt, welch letzteres selbst der Länge nach eine Ausdehnung von fünfviertel Stunden hatte. Der Weg zwischen beiden Dörfern war auf dem damals noch ungefestigten Torfboden so schlecht, dass der Verkehr der Gemeinde mit ihrem Seelsorger äußerst erschwert war. Der damalige Pfarrer von Weichering, Eustach Nieger, nahm sich zwar mit großer Liebe der Leute an und versorgte trotz seiner körperlichen Gebrechlichkeit die Gemeinde mehrere Jahre; allein diese Pflege war nicht ausreichend und die Folge war, dass die Sittenlosigkeit so überhand nahm, dass sie selbst auf die Umgebung einen schlimmen Einfluss ausübte. Man entschloss sich daher einen eigenen Geistlichen nach Karlshuld zu senden. Dieser eine Mann sollte aber nun nicht nur die bereits auf 700 Seelen angewachsene Gemeinde geistlich versorgen, sondern auch mehr als 100 Schulkindern Unterricht geben, ja noch überdies Messner, Organist und Totengräber sein. Ein hölzernes Hüttchen ward ihm zur Wohnung angewiesen und die Kolonisten, die selbst kaum das Nötigste besaßen, wurden verpflichtet, ihm jährlich 2 Gulden 24 Kr. pro Familie zum Lebensunterhalt zu reichen. Regelmäßig musste nun nach Ablauf eines Vierteljahres das betreffende Ratum mittelst Exekution eingetrieben werden und, wenn die Familie bezahlen konnte, so geschah es oft mit den für diesen Zweck erbettelten Pfennigen. Zur Abhaltung des Gottesdienstes errichtete man aus Holz ein Gebäude, das kaum ein Drittel der Kirchgänger zu fassen vermochte.

Unter den Geistlichen, welche mit diesen drückenden Verhältnissen zu kämpfen hatten, befanden sich einige vortreffliche Männer, von welchen besonders der Pfarrer Fr. A. Zenger Erwähnung verdient. Um den Kindern den Schulbesuch angenehm zu machen, speiste er sie auf eigene Kosten im Schulzimmer, verschaffte ihnen Kleider, verfertigte und komponierte für sie Lieder, kam ihnen überhaupt mit einer Liebe entgegen, die ihm ihre Herzen ganz gewann.

Als aber in der Folge eine jährliche Zulage von 200 Gulden, welche der Karlshulder Pfarrer aus den Überschüssen der Kirchen- und Stiftungsgelder bezog, nicht mehr gereicht werden konnte, verlor die Gemeinde, die mit den ihr eingepfarrten Kolonien mittlerweile auf 939 Seelen angewachsen war, ihren Geistlichen wieder und war ohne solchen vom Jahre 1822 bis zum Jahre 1826, da Lutz nach Karlshuld kam. In diesen vier Jahren nahm das sittliche Verderben in erschreckendem Maße zu. Unter den 60 bis 70 erwachsenen Töchtern der Gemeinde waren nur wenige, die keine unehelichen Kinder hatten. An den Sonn- und Feiertagen sammelte sich Jung und Alt bei der Tanzmusik und blieb daselbst von Mittags 12 Uhr bis zum andern Morgen; selbst Kinder unter einem Jahre wurden mitgenommen. Was an den Wochentagen durch Arbeit an Kanälen und Straßen verdient worden, wurde am Sonntag vergeudet und nicht selten sah man Karlshulder Kolonisten betrunken in den Straßengräben benachbarter Dörfer liegen. Blutige Raufhändel gehörten zur Unterhaltung und Auswärtige flohen die Leute ihrer allbekannten Verdorbenheit wegen schon von ferne.

Aber auch über diesen düstern Zuständen leuchtete die göttliche Barmherzigkeit und selbst an dieser gesunkenen Gemeinde konnte sich die empfangene Taufgnade und die Arbeit treuer Geistlichen nicht verleugnen. Es entstand bei der Gemeinde ein schmerzliches Bewusstsein ihres geistlichen Elends und eine lebendige Sehnsucht nach bessern Zuständen. Dies trat zu Tage, als im Sommer 1826 der Augsburger Bischof Ignatz Albert von Riegg den nordöstlichen Teil seiner Diözese besuchte und dabei auch in das berüchtigte Donaumoos und nach Karlshuld kam. Als der Bischof, tief ergriffen von dem Jammer dieser seiner Herde, zu dem versammelten Volke Worte der Gnade und der Kraft sprach, ging es allen durchs Herz. In tiefer Beugung und Zerknirschung warf sich die Gemeinde auf die Kniee und lautes Schluchzen machte die Worte des Redners fast unhörbar. Hirt und Herde weinten miteinander und als einige Stimmen riefen: „Ach erbarmen Sie sich über uns Arme! Wir bitten um einen Geistlichen," — fiel alles Volk ein: „Wir bitten um einen Geistlichen." — „Ja," sagte der Bischof, „ihr sollt einen haben und zwar von meinen besten." An demselben Abend noch schrieb er im Pfarrhof von Weichering an den König und legte ihm das Elend Karlshulds ans Herz. Hier war es auch, wo er beschloss, den Vikar Lutz nach Karlshuld zu senden. Am nächsten Morgen schon beauftragte er seinen Generalvikar mit der Besorgung dieser Angelegenheit.

III. LUTZ IN KARLSHULD

1. Einzug und erste Wirksamkeit

Vor seiner Übersiedlung nach Karlshuld machte Lutz in Begleitung seiner Mutter eine Reise dahin, um den Ort seiner künftigen Wirksamkeit kennen zu lernen. Beim Anblick von Karlshuld überfiel die Mutter ein Schrecken und sie sagte: „Mein Sohn, wir kehren wieder um." In der ganzen Gegend war kein rechter Weg und man konnte kaum einige Schritte gehen, ohne zu stolpern oder ins Erdreich ein zusinken. Lutz wollte zuerst zum Bürgermeister gehen und fragte einen Mann, der von der Torfarbeit über und über beschmutzt und in durchlöcherten Kleidern seines Weges daher kam: „Wo kann ich den Bürgermeister treffen?" „Der bin ich," war die Antwort. Die Eindrücke, welche Lutz von seinem neuen Bestimmungsort erhielt, waren nicht geeignet, seinen Mut zu heben; doch bei seiner Anspruchslosigkeit vermochte er es, im Aufblicken zu Gott, sich in die neue Lage zu finden, und so zog er denn mit seiner Mutter getrost in Karlshuld ein.

Das alte Pfarrhäuschen war zwei Jahre zuvor abgebrannt. Da nun keine Pfarrwohnung vorhanden war, hatte sich ein Kolonist bereit erklärt, Lutz ein Dachkämmerchen abzutreten. Da letzterer seine Mutter bei sich hatte, bedurfte er indes einer geräumigeren Wohnung. Es fand sich auch ein Häuschen, dasselbe war jedoch (was bei den Häusern im Donaumoos, die fast alle auf den lockeren Torfgrund gebaut sind, häufig vor kommt) so tief in die Erde eingesunken, dass man nicht aufrecht darin stehen konnte. Diesem Übelstande wurde dadurch abgeholfen, dass der Fußboden einen Schuh tief ausgegraben wurde. Im Übrigen war die Wohnung, da sie nur aus einem kleinen, mit niederen Fenstern versehenen Stübchen und einem noch kleineren Kämmerchen bestand, so enge, dass man sich kaum recht darin bewegen konnte, und so feucht, dass die Schuhe über Nacht grau wurden. Der Regen drang von oben ein und der Wind von allen Seiten. Oft wurde alles, Bücher, Betten und Kleider durchnässt.

Sonntag, den 27. August 1826, fand die erste Predigt statt. Der Gottesdienst musste unter freiem Himmel gehalten werden, da das Hüttenkirchlein unbrauchbar war. Im Hofe des Kolonisten Joseph Schedelbauer war ein Gerüst aufgestellt worden, das als Kanzel diente. Rings umher standen, saßen, knieten und lagen die Leute. Es waren Leute aus Bayern, Württemberg, Preußen, Österreich, dem Elsaß u. s. w., römische Katholiken, Lutheraner, Reformierte und Mennoniten. Unwillkürlich fiel dem Prediger das Gleichnis von dem großen Abendmahle ein, besonders die Stelle: „Gehe auf die Straßen und Gassen der Stadt und führe die Armen und Gebrechlichen, die Blinden und Lahmen herein ... Gehe auf die Landstraßen und an die Zäune und nötige sie hereinzukommen, auf dass mein Haus voll werde." (Lk. 14, 16 ff.)

Lutz legte der Predigt die Worte zu Grunde: „Ich hatte mir vorgenommen, nichts unter euch zu wissen, als allein Jesum Christum und zwar den Gekreuzigten." (1. Kor. 2, 2.) Er nahm sich vor, bei seiner Arbeit in Karlshuld diesem Thema treu zu bleiben.

Auch war er fest entschlossen, die Folgen solcher Predigt, eben das Kreuz, durch Gottes Gnade auf sich zu nehmen.

Den kirchlichen Verordnungen gemäß predigte und katechisierte Lutz an jedem Sonn- und Feiertage. Auch unter der Woche hielt er anfänglich zwei bis dreimal, später alle Tage unter der Messe, nach Vorlesung eines neutestamentlichen Abschnittes, kurze Ansprachen an das versammelte Volk. Hierbei wurde das Neue Testament in fortlaufender Ordnung erklärt. Die Erklärungen weckten bei Vielen das Verlangen, das Neue Testament selbst zu besitzen. Lutz gab es ihnen und so lernte die Gemeinde mehr und mehr Gottes Wort kennen. Bald offenbarte sich denn auch die selig machende Kraft desselben. Anfangs November 1826 erwachten zwei Brüder aus dem Sündenschlafe und bekehrten sich von Herzen zu Gott. Bald folgten Andere. Das Verlangen nach Gottes Wort nahm zu und nicht lange währte es, da griff Alles nach dem Neuen Testament. Die Leute waren von jeher gewohnt, zu gegenseitiger Unterhaltung des Abends zusammen zukommen. Während sie früher diese Zeit mit Kartenspiel und dergleichen verbracht hatten, wurde nun aus dem Worte Gottes und aus andern Erbauungsbüchern vorgelesen.

Im Frühjahr 1827 machte Lutz den Pfarrkonkurs. Er erhielt darin die erste Note und unter 50 Kandidaten den dritten Platz.

2. Die Erweckung

Bis Ende des Jahres 1827 kamen ab und zu Leute zu Lutz, die, von der Gnade Gottes ergriffen, sich in wahrer Buße zu Gott bekehrten und in Christo Jesu Gerechtigkeit und Friede fanden. Nun aber erfasste der Geist der Gnade die Gemeinde in der Mehrzahl ihrer Glieder.

Am Silvesterabend 1827 waren in dem Gottesdienste, der um 5 Uhr abends abgehalten wurde, die Gemüter der Geistlichen und der Gemeinde besonders bewegt. Dem Prediger war es gegeben, sich über folgende drei Sätze mit vieler Kraft und Salbung auszusprechen:

a) Welch zahllose Wohltaten an Leib und Seele hat uns der Herr im verflossenen Jahre erwiesen! Er ist in jeder Beziehung väterlich mit uns verfahren.

b) Wie haben wir diese Wohltaten benützt? Wie Ihm dafür gedankt? — Wie würden wir also vor Ihm bestehen, wenn Er jetzt mit uns ins Gericht ginge? — Wir könnten Ihm auf Tausend nicht Eines antworten; denn wir haben Seine Gnade missbraucht, Seinen Friedensbund gebrochen und Sein heiliges Gesetz mutwillig übertreten. — Darum nahet euch

c) in dieser feierlichen Abendstunde mit zerknirschtem Herzen und gebeugtem Geiste dem Gnadenthrone, nahet euch Jesu Christo, dem Gekreuzigten! Bekennet vor Ihm alle eure Sünden und Missetaten! Lasset euch durch Sein Blut versöhnen mit Gott, auf dass ihr versöhnt das alte Jahr schließet und das neue antretet! -

Am Tage darauf, dem 1. Januar 1828, kamen morgens um ein Viertel nach drei Uhr Leute ans Pfarrhaus, weckten Lutz und baten ihn, in die Kirche zu kommen; dieselbe sei voll von Leuten, die beichten wollten. Als Lutz in die Kirche kam, fand er den Beichtstuhl von Leuten ganz umstellt. In der Beichte nahm er mit Verwunderung und Dank gegen Gott wahr, wie alle Herzen aufgeschlossen, ergriffen und zerknirscht waren. Manche konnten sich kaum satt beichten, wie Lutz sich ausdrückte. Sie sagten, schon seit einiger Zeit hätten sie sich ungewöhnlich angeregt gefühlt. In der vergangenen Nacht hätten sie kaum ruhen können und mit Sehnsucht den Morgen erwartet, um zur Beichte zu kommen. Auch dem Beichtvater ging das Herz auf und der Herr gab Ihm Gnade, den Leuten den Reichtum der freien Gnade Gottes in Christo Jesu mit großer Kraft ans Herz zu legen.

Um 8 Uhr stand er vom Beichtstuhle auf und begann mit dem Amte. Als er die Kanzel bestiegen hatte, verlas er das Evangelium des Tages, nämlich Luk. 2, 11 ff. und wandte sich danach im Gebet zum Herrn, dass Er Seinem Knechte das rechte Wort eingebe und dasselbe an den Herzen aller Anwesenden segne.

Bei der Erklärung des Evangeliums sprach er sodann ganz einfach über die Bedeutung des Namens „Jesus" und über die Gnade des göttlichen Heilandes, der eine ewige Erlösung erfunden habe und alle, die sich bußfertig und gläubig an Ihn wenden, von ihren Sünden frei und selig machen wolle.

Kaum hatte er eine halbe Viertelstunde gesprochen, da brach die Bewegung, welche die Gemüter ergriffen hatte, in allgemeines, lautes Schluchzen und Weinen aus. Die Predigt verwandelte sich in Gebet und auch dieses musste nach einigen Minuten, um der allzu starken Bewegung willen, welche Prediger und Gemeinde ergriffen hatte, abgebrochen werden. Lutz brachte noch die gewöhnlichen Gebete dar und verließ dann die Kanzel.

Auch während der Fortsetzung des Amtes, die nun folgte, hielt die geistliche Erhebung und Bewegung der Gemeinde an. — Vor dem heiligen Abendmahl wurde wieder ein geeigneter biblischer Abschnitt verlesen und den Kommunikanten erklärt. In tiefster Ergriffenheit und in sehnlichstem Verlangen empfingen dieselben die heilige Kommunion.

Nach der Messe glaubte Lutz fertig zu sein; es kamen aber noch so viele Leute, welche beichten wollten, dass er sich erst nachmittags um halb 3 Uhr zurück ziehen konnte.

Dieses Tages gedachte Lutz noch in seinem hohen Alter mit Freude und mit Dank gegen Gott und sagte, er werde sich noch in der Ewigkeit darüber freuen.

Nun erwuchs für Lutz eine neue Aufgabe, nämlich die, den Strom geistlichen Lebens, der in der Gemeinde so mächtig hervor gebrochen war, in den rechten Schranken zu halten, vor Verunreinigung zu bewahren und dem rechten Ziele zuzuleiten. Welche Schwierigkeiten die Lösung dieser Aufgabe in sich schließt und wie sie nur vermöge besonderer göttlicher Ausrüstung gelöst werden kann, wusste Lutz noch nicht; er sollte es aber alsbald erfahren. Einen, wenn gleich beschränkten, Einblick in die Schwierigkeit seiner Lage gewährt folgendes Vorkommnis. Noch am Abend des für Karlshuld so gesegneten 1. Januars 1828 kam ein Gemeindeglied, Magdalene Stelzer, eine der erweckten Personen, zu Lutz und sprach ihren Wunsch aus, ihm etwas mitteilen zu dürfen. Lutz erklärte sich zum Hören bereit und nun hob sie an: „Es sei ihr ganz klar und ausgemacht, dass in der Pfarrei jetzt alles sehr gut gehen werde. Der Herr habe nun die Gemeinde mit Seinem Gnadengeiste heimgesucht und werde die Herzen Selbst rein und heilig machen." — „Woher wisst Ihr das?" warf Lutz ein. „Hat's Euch jemand gesagt?" „Es hat's mir niemand gesagt," fuhr sie fort, „aber es ist mir doch gewiss und ausgemacht. Ihnen aber soll ich etwas sagen und ich fürchte, Sie möchten es mir übel nehmen." „Ganz und gar nicht," erwiderte Lutz, „sagt es nur!" Sie hob nun an: „Ihr Herz ist noch nicht ganz rein; es ist so zornig, unwillig und verdrießlich und in ein solches Herz kann Gott Seine Gnade nicht geben. Sie meinen, Sie müssen die Leute bekehren und wenn's dann nicht gleich geht, wie Sie es wünschen, so werden Sie entweder verzagt oder verdrießlich.

Auch beten Sie zu wenig und sind in Ihren Sachen oft so zerstreut. Sie sollten viel gelassener und ruhiger werden und Gott auch etwas Herr sein lassen." Lutz fragte: „Woher wisset Ihr dies?" Sie entgegnete: „Man merkt es Ihnen ja überall an, sogar in der Kirche. Sie sind in allem so rasch und lassen der Gnade Gottes keinen Raum." Lutz fragte wieder: „Hat Euch jemand zu mir geschickt, mir dies zu sagen?" „Nein," erwiderte sie, „ich hätte es Ihnen aber schon lange sagen sollen; ich getraute mir jedoch nicht; jetzt aber hat es mich in meinem Gemüte so beunruhigt, dass ich gehen und es Ihnen sagen musste." Lutz fühlte sich von dieser seltsamen Sprache eigentümlich berührt. Er schämte sich, solche Worte von einem seiner Gemeindeglieder zu hören; indem er aber erkannte, dass in den Worten etwas Richtiges liege, kam ihm das Ungehörige des Auftretens dieses Gliedes nicht zum rechten Bewusstsein. Statt den geistlichen Zustand der Person recht zu unterscheiden, ihr bezüglich der Unangemessenheit ihres Auftretens dem väterlichen Amte Christi gegenüber geistliche Unterweisung zu teil werden zu lassen und dabei doch das Licht, das offenbar zugleich in ihren Worten enthalten war, sich zu nutze zu machen, ließ er sich von ihr imponieren, und, zu wenig eingedenk seiner amtlichen Stellung und Pflicht, suchte er von ihr Belehrung. Er fragte sie: „Nun, was meint Ihr, dass ich jetzt tun soll?" Sie erwiderte: „Ich meine, Sie sollen mehr allein bleiben, sich nicht so zerstreuen, die Bekehrung der Leute nicht erzwingen wollen, den Zorn und Unwillen überwinden und recht beten. Sie kriegen gewiss einen rechten Trieb zum Gebete und dann geht's gewiss." — Lutz begleitete die Erzählung dieses Vorfalls mit den Worten: „Ich entließ sie nun, schloss mich in mein Zimmer ein, dachte den ganzen Tag darüber nach und befand mich in einer ganz eigenen Gemütsstimmung. Der Eindruck, den diese Unterredung auf mein Gemüt machte, war sonderbar. Alles, was sie mir sagte, war ganz wahr; aber sich diese bittere Wahrheit von einem Pfarrkinde und noch dazu von einem, das keinen Buchstaben lesen kann, sagen zu lassen, das bringt in Verlegenheit. Und doch musste ich ihr ganz recht geben. Ich war fest überzeugt, dass, wenn ich selbst dem inneren Triebe der Gnade Folge geleistet hätte, es nicht notwendig geworden wäre, mich auf so demütigende Art dazu auffordern zu lassen." Wir sehen, wenn auch Lutz der Situation sich nicht gewachsen zeigte, so ist doch die Lauterkeit und Demut rührend, die in diesem Selbstbekenntnis ausgesprochen liegt.

3. Die geistlichen Gaben

Der Strom geistlichen Lebens, der am 1. Januar 1828 in Karlshuld ans Licht getreten war, entfaltete sich nun immer reicher. Mit dem Beginn der Fastenzeit Aschermittwoch fiel in jenem Jahre auf den 20. Februar kam in die Herzen ein mächtiger Gebetstrieb. Halbe, ja ganze Nächte hindurch fühlten sich Leute zum Beten angetrieben. Auch junge Leute widmeten sich oft Stunden lang dem Gebet. Eine große Stille des Geistes trat in der Gemeinde ein und ein heiliger Ernst bemächtigte sich der Gemüter. Da geschah es, dass Ende Februar einige Personen plötzlich in einer höheren Kraft zu sprechen anfingen. Es waren ein Mann und zwei Frauen. Lutz war dies neu und unerwartet. Er fragte die Personen, was dabei in ihnen vorgehe. Sie antworteten: „Von dem, was wir reden, wissen wir nichts, ehe wir zu reden beginnen. Es kommt eine Kraft über uns und es werden uns die Worte gegeben, die wir aussprechen sollen." Lutz kannte diese Personen als treue und gewissenhafte Leute, daher glaubte er ihnen und schenkte auch den Worten Glauben, die durch sie geredet wurden. In der Kirche und in den Häusern wurden Worte des Geistes gesprochen. Das erste Wort, das gesprochen wurde, lautete: „Wisset ihr nicht, ihr Kinder Gottes, dass ihr in der letzten Zeit lebet, in der Zeit, in welcher der Herr kommt? Wisset ihr nicht, dass euch der Herr, ehe Er kommt, wieder gibt Apostel, Propheten, Evangelisten und Hirten und Gemeinden wie im Anfang?"

Es ist sehr zu bedauern, dass keine Aufzeichnung der Worte, welche während eines längeren Zeitraumes in der Gemeinde gesprochen wurden, stattgefunden hat. Was Lutz außer dem angeführten Wort aus der Erinnerung darüber erzählt hat, ist Folgendes:

Ein Wort lautete: „Ihr lebet in der Zeit, da Jesu die Entschlafenen auferwecken wird. Die erste Auferstehung ist nahe. Dies Geschlecht wird diese Zeit erleben." Die Worte: „Dies Geschlecht wird diese Zeit erleben" und „Der Herr gibt wieder Apostel und Gemeinden wie im Anfang," wurden öfters wiederholt. Ein anderes Wort lautete: „O fasset und glaubet, was der Herr Jesus und die Apostel gesprochen haben! Glaubet an die Verheißungen Gottes! Schlaget nach und leset, ob ihr nicht in der Zeit stehet, von welcher schon längst geredet worden ist durch die Propheten!"

Ferner: „Der Herr wird Seinen Geist wieder ausgießen, wie im Anfang."

Ferner: „Der Herr wird sein Evangelium noch einmal der ganzen Christenheit und allen Völkern anbieten und dann wird das Ende kommen."

Lutz sagte: „Wir wurden durch das Wort der Weissagung auf alle Verheißungen Gottes hingewiesen und auf verschiedene Stellen der heiligen Schrift, besonders des Alten Testamentes, aufmerksam gemacht. Oft hieß es: „Schlaget nach" und manchmal wurde die nachzuschlagende Stelle auch angegeben."

Auch wurden sie durch Worte des Geistes aufgefordert, die Sakramente hoch zu halten. Die heilige Taufe sollten sie als das Bad der Wiedergeburt ehren; wer zur heiligen Kommunion komme, sollte sein Taufgelübde erneuert haben. Es wurde ihnen gesagt, der Herr selbst wolle sich eine Gemeinde aus den verschiedenen Konfessionen sammeln, in der Er all Sein Wohlgefallen erfüllen werde. Bis dahin sollten sie stille sein und harren.

Neben diesen Worten gingen andere geistliche Kundgebungen, wie Visionen und Träume, einher. Lutz selbst wurde in einem Gesicht gezeigt, dass der Herr wieder Apostel senden werde.

Im Gegensatz zu diesen himmlischen Kräften regte sich auch die Macht der Finsternis. Die Gläubigen wurden durch dämonische Wirkungen geängstigt. Lutz erzählte, der Feind habe ihn oft bis auf die Kanzel verfolgt; dort aber habe derselbe weichen müssen und er selbst habe dann das Wort Gottes mit um so größerer Freudigkeit predigen können.

Dass es sich bei den Worten, welche in einer höheren Kraft gesprochen wurden, um die Gabe der Weissagung handele, um dies herrliche Kleinod der Kirche, womit sie in den Tagen ihrer Jugend geschmückt war und wovon in der heiligen Schrift soviel die Rede ist, dies war Lutz und der Karlshulder Gemeinde bald klar geworden. Schon öfters im langen Verlaufe der Kirchengeschichte war ja diese himmlische Gabe hervorgetreten und nun erfüllte sie von neuem die Herzen der Gläubigen mit himmlischer Freude.

Karlshuld, dieser aus Angehörigen der verschiedensten deutschen Stämme gebildeten Gemeinde, wohin gleichsam das Elend und die Armut von Gesamtdeutschland seine Vertreter gesandt hatte, war, nachdem sie sich aus ihrer tiefen Gesunkenheit zu Gott bekehrt hatte, dieser Segen zuteil geworden, ein Zeichen, dass die Herrlichkeit des erhöhten Herrn da erscheint, wo man, von dem Bewusstsein der eigenen Dichtigkeit durchdrungen, sich ganz auf Gottes Barmherzigkeit wirft, und zugleich eine Andeutung, dass der Herr mit der Wiederkehr Seiner vollen Gnade sich Seinem ganzen Volke zugewandt habe, dass die Zeit nahe war, da wie es jetzt geschieht, auch in Deutschland allenthalben die Stimme des heiligen Geistes, des Trösters, vernommen werden sollte. Das Auftreten der Gabe der Weissagung war gleichsam der geistliche Widerhall, welchen die Predigt von der freien Gnade Gottes in Christo in den Herzen der Gemeinde gefunden hatte.

Wenn in dem wunderbaren Organismus des mystischen Leibes Christi die geistlichen Gaben hervortreten, dann macht sich auch mit Notwendigkeit das Bedürfnis nach dem Amte Christi geltend, welches nach der heiligen Schrift zur Leitung dieser Gaben verordnet ist. Wir tragen die Schätze himmlischer Gnade und geistlichen Lebens in irdenen Gefäßen (2. Kor. 4, 7) und die Schwachheit und Gebrechlichkeit dieser Gefäße bedarf der Bewahrung, damit der himmlische Schatz nicht verunreinigt, beschädigt, verderbt, vergeudet oder verschüttet werde. Neben den Propheten und ihnen voran stehen die Apostel und ohne die Leitung durch das apostolische Amt vermag die prophetische Gabe nicht zu gedeihen.

Wir sehen, dass St. Paulus im ersten Briefe an die Korinther die Befugnis seines Amtes in dieser Beziehung ausübt, dass er den Propheten und prophetisch begabten Personen mit der Autorität des Amtes Christi Anleitung und Unterweisung gibt, wie sie ihre Gabe gebrauchen sollen, damit der Zweck derselben, die Verherrlichung des erhöhten Herrn und die Erbauung seiner Gemeinde, erreicht werden möge. Der Grund, weshalb, so oft in der nachapostolischen Zeit die Gabe der Weissagung in der Kirche hervortrat, dieselbe zu keiner rechten Entfaltung kam und bald wieder erlosch, ist offenbar in dem Mangel des apostolischen Amtes zu suchen.

Es ist daher zu begreifen, wenn wir vernehmen, dass auch in Karlshuld die Gabe der Weissagung sich nicht recht entwickeln konnte. Zur Freude über ihr Wiedererwachen gesellte sich bei Lutz bald die Wahrnehmung, dass sie nicht immer in ihrer reinen Gestalt auftrat, vielmehr bei ihrer Ausübung das Fleisch sich einmischte, wodurch die Gabe verunreinigt und unbrauchbar gemacht wurde. Ja es währte nicht lange, so blickte Lutz nur mehr mit Angst und Sorge auf die Leute, welche weissagten. Er sah Missstände, aber er wusste nicht zu helfen. Er dachte wohl kaum daran, im Vertrauen auf das Amt Christi, das er trug, einen Versuch zur Pflege und Leitung der Gabe zu machen. Die Erfahrung, die ihm auf diesem Gebiete zu Gebote stand, war zu gering und auch keineswegs geeignet, ihn hierzu zu ermutigen. Er wusste von ähnlichen Vorgängen, die ehedem unter Sailers Amtsführung stattgefunden hatten. Dort hatte sich eine Jungfrau gefunden, welche die Gabe der Weissagung und der Visionen hatte. Von vielen wurde dieselbe als etwas Großes angesehen, von einigen fast vergöttert. Selbst Sailer hielt groß von ihr. Da sie zu wenig Zucht erfuhr, kam es dahin, dass sie sich mit einem der Männer verging, die so übermäßig hoch von ihr gehalten hatten. Dies Vorkommnis traf Sailer wie ein schwerer Schlag und unter der Wirkung desselben ließ er sich zu der Äußerung hinreißen: „Man sollte nie zu viel auf diese Gaben halten." Diese Äußerung Sailers machte sich Lutz nun zu eigen. Seiner Anschauungsweise gab er später in dem Grundsatze Ausdruck: „Suche durchaus nie außerordentliche Dinge zu erfahren; kommen sie von selbst, so prüfe sie genau nach dem Worte Gottes und der Erfahrung erleuchteter Christen: findest du sie wahr, so benutze sie möglichst zu deinem Heile; lege aber ja keinen besonderen Wert darauf, sonst werden sie dir verderblich." In dieser Anschauungsweise gingen Sailer und Lutz offenbar zu weit. Von einer Gabe des heiligen Geistes kann man nicht hoch genug halten, aber freilich darf man dem menschlichen Gefäße, in welchem der heilige Geist die Gabe wirkt, nicht die Ehre geben. Wenn eine geistliche Gabe missbraucht und verunreinigt werden kann, so ist dies kein Beweis für die Unmöglichkeit ihrer Reinerhaltung und ihres rechten Gebrauchs. Lutz wie Sailer legten durch ihr Verhalten gegenüber der Gabe der Weissagung an den Tag, dass sie sich außer stand fühlten, diese Gabe zu leiten, aber mit dem Unvermögen einzelner auch noch so frommer Männer ist noch keineswegs bewiesen, dass es überhaupt kein Organ zu rechter Leitung derselben geben könne. In der Lage, in welcher sich beide Männer befanden, wäre das Richtige gewesen, auf die heilige Schrift zu achten und nach dem Amte zu begehren, das in derselben als das rechte Organ zur Leitung der Gabe der Weissagung hervortritt.

Lutz insonderheit war durch das erste Wort der Weissagung, das in Karlshuld gesprochen wurde, ausdrücklich darauf hingewiesen worden. Indem in jenem Worte auf die der Kirche ursprünglich gegebenen vier Ämter, in erster Linie das apostolische Amt, als auf einen Gegenstand der Erwartung für Gottes Volk hingewiesen wurde, war damit durch das Wort der Weissagung selbst das Organ für die Leitung desselben bezeichnet und ins Licht gestellt. Er hätte daher die Möglichkeit der Reinerhaltung und Entfaltung der Gabe der Weissagung im Glauben festhalten, bei ihrer vollen Wertschätzung verharren und den Herrn um Erfüllung Seiner Verheißung, um die Wiederherstellung des apostolischen Amtes anflehen sollen.

So nehmen wir also mit Betrübnis wahr, dass das himmlische Licht der Weissagung, kaum dass es aufgeleuchtet hatte, aus Mangel an Pflege in trübes und mattes Brennen geriet. Es währte nicht lange, so erlosch es ganz. Die Stätte, worauf es erschienen, konnte es nicht ertragen. Nur ein flüchtiger, wenn auch bestimmter, Wink war durch dasselbe gegeben worden, dass der Herr in Seiner Kirche ein besonderes Werk zu tun im Begriffe stand, zugleich aber war damit ein grelles Schlaglicht auf dem gesunkenen Zustand der Kirche gefallen, der besonders in dem Umstand sich erkennen ließ, dass Diener Gottes, die zu den frömmsten und erleuchtetsten ihrer Zeit gehörten, in ihrer Unfähigkeit, die himmlische Gabe zu leiten, dieselbe mit Misstrauen betrachteten, ja ganz abzulehnen geneigt waren.

Von Aposteln und ihrer Wirksamkeit in der Kirche konnte sich Lutz damals keine klare Vorstellung machen. Er dachte sich, dieselben würden, wenn sie kämen, etwa in der Weise eines Boos oder Sailer auftreten, mit dem Unterschied, dass ihre Wirksamkeit eine allgemeinere und noch segensreichere sein würde. Wenn er von Gemeindegliedern über diesen Gegenstand gefragt wurde, so gab er zur Antwort, er glaube, dass der Herr wieder große Männer zum Segen für die ganze Christenheit senden werde; man müsse aber in Geduld darauf warten. Er selbst bewegte alle in Karlshuld gesprochenen Worte der Weissagung in seinem Herzen und sehnte sich mehr und mehr danach, eine Gemeinde zu haben, die mit derselben Segensfülle ausgerüstet wäre, wie sie in den ersten christlichen Gemeinden gefunden wurde.

4. Eine Parallele

Wenn man nach den Umständen forscht, unter welchen während des langen Verlaufs der nachapostolischen Zeit das Hervortreten der Gabe der Weissagung in der Kirche statt fand und durch welche es bedingt wurde, so findet man, dass dieselben hauptsächlich in Verfolgungen bestanden, die um des Glaubens willen über kirchliche Gemeinschaften ergangen sind. Eine solche Verfolgung um Christi willen fand in Karlshuld nicht statt; es mussten daher andere Gründe sein, wodurch das damalige Hervortreten der Gabe der Weissagung veranlasst wurde. Lag ein Grund zunächst in dem Umstand, dass die Predigt von der freien Gnade Gottes in den Herzen gezündet hatte, so ist der eigentliche Grund offenbar in der Absicht des Herrn zu finden, einen für die ganze Kirche hochbedeutsamen Fortschritt, welchen Er in der Hinausführung Seines heiligen Ratschlusses zu tun im Begriffe stand, Seinem Volke anzukündigen. Wie ist es nun aber zu erklären, dass die in Karlshuld gesprochenen Worte der Weissagung von solch umfassender Bedeutung waren und doch damals weder zum Ohre der allgemeinen Kirche drangen noch irgend eine in dem Kreise der Karlshulder Gläubigen stattgefundene Erfüllung erkennen ließen? Handelte es sich um wahre Weissagung, so musste ihr auch die Erfüllung folgen. Das hier vorliegende Rätsel ist nur zu lösen, wenn man nicht bloß bei dem verweilt, was in Karlshuld geschah, sondern die gleichzeitigen Ereignisse in der weiteren Kirche mit in Betracht zieht und untersucht, ob das, was an einem Punkte der Kirche ans Licht trat und angekündigt wurde, nicht an einem andern seine Weiterentwicklung und Erfüllung gefunden hat. So ist es in der Tat. Bald nach der Zeit, da die begabten Personen in Karlshuld in höherer Kraft geredet hatten, im Frühjahr 1830, ist auch in Schottland und in England im Zusammenhang mit der Predigt von der Liebe Gottes in Christo und der wahrhaftigen menschlichen Natur des Herrn, sowie mit der Erforschung des prophetischen Wortes und der heiligen Schrift die Stimme der Weissagung laut geworden, und hier, wie dort, wies sie hin auf die nahe Zukunft des Herrn und auf ein Werk der Vorbereitung in der Sendung von Aposteln, das Seinem Kommen vorausgeht. Es war dieselbe Stimme des heiligen Geistes, des Trösters, die in Schottland und England und die in dem Dörflein des bayerischen Schwabens vernommen wurde. In verschiedenen Teilen des durch Menschen getrennten, vor Gott aber einigen Leibes Christi, der Kirche, ließ sie sich hören, dort in dem protestantischen, hier in dem römisch-katholischen Teile derselben, zum Zeichen, dass der Herr für die Kirche, wie sie vor Ihm Eins ist, auch nur Eine Sprache hat, und dass es Ein Ziel ist, dem Er sie zuführen will. Der Feigenbaum der Kirche hatte ausgeschlagen und Blätter gewonnen; aber während der Spross, welcher innerhalb der römischen Abteilung hervorgetreten war, noch vor seiner Entfaltung dem Froste erlag, v erwelkte und ab fiel, vermochte der andere, der dem für freie Entwicklung des geistlichen Lebens günstigeren Boden des protestantischen Bekenntnisses angehörte, Kraft zu gewinnen und zu gedeihen.

In England war es, wo das vierfache Amt Christi erschien, auf welches das Wort der Weissagung in Karlshuld hingewiesen hatte, Apostel, Propheten, Evangelisten und Hirten; dort entfaltete sich die Gabe der Weissagung unter apostolischer Leitung in ihrer

Reinheit und Schönheit, dort wurden durch die Wirksamkeit des apostolischen Amtes Gemeinden gegründet, wie sie im Anfang waren, und ausgerüstet mit der Gnade und Kraft des heiligen Geistes. Dort gelangte das Werk, das Gott tut, zur Vorbereitung Seiner Kirche auf die Zukunft seines lieben Sohnes, zur allseitigen Ausgestaltung, und von dort nahm es seinen gesegneten Gang durch die Christenheit, um die Wiederkehr der vollen Gnade Gottes zu seinem Volke und die nahenden Gerichte über die Unbuß-fertigen zu verkündigen und dem Herrn, der da kommt, zuzurichten ein bereitetes Volk.

5. Innere Anfechtung und himmlische Tröstung

Wir sind mit der Erzählung in der Fastenzeit1828 stehen geblieben. Einige Wochen vor Ostern fanden sich viele Glieder der Karlshulder Gemeinde angetrieben, ihr Herz durch das Bekenntnis ihrer Sünden zu erleichtern, die h. Absolution zu suchen und sich ganz Gott hinzugeben. Ein Glied weckte das andere und zuletzt kamen fast alle, um die Gnade des Herrn zu empfangen. Als Lutz am Gründonnerstage (3. April) unmittelbar vor dem heiligen Abendmahl seine Herde darauf hinwies, dass das heilige Mahl nur mit einem versöhnten Herzen würdig empfangen werden könne, reichte alles Volk unter Tränen sich die Hände und jahrelange Feindschaften wurden abgetan. — Das Neue Testament wurde jetzt den Leuten über alles teuer, Tag und Nacht trugen sie es bei sich und benutzten jeden freien Augenblick, um Belehrung und Erbauung daraus zu schöpfen. Um Gottes Wort lesen zu können, lernten Erwachsene noch lesen.
Verse und ganze Kapitel wurden auswendig gelernt. Es gab Schüler und Schülerinnen, welche 20—50 Kapitel auswendig her sagen konnten.

Umgeben von solcher Fülle der Gnadenwirkungen und getragen von einem so frischen und kräftigen Strom geistlichen Lebens ward nun Lutz von schweren innern Anfechtungen heimgesucht. Er, der von Kindheit auf Gott gedient hatte, den der Herr so reichlich gesegnet und andern so sichtlich zum Segen gesetzt hatte, begann an seinem eigenen Gnadenstande zu zweifeln. So unverständlich dies auf den ersten Blick ist, lässt es sich doch leicht erklären. Lutz sah die mächtigen Wirkungen des Geistes der Gnade in der Gemeinde, er nahm wahr, welch überraschend große Veränderungen bei den Erweckten vorgingen, wie oft Glieder, die eben noch dem Glauben ferne standen, nach ihrer Bekehrung sofort von himmlischem Licht und himmlischer Kraft erfüllt wurden und von himmlischer Freude und Seligkeit überströmten. Dass er an sich selbst solche Erfahrungen nicht gemacht hatte, empfand er als einen bedeutungsvollen Mangel. Er beurteilte seinen damaligen Zustand einige Jahre später in folgender Weise: „Ich hatte die Gnade und Wahrheit des Evangeliums selbst noch nicht gründlich erfahren. Zwar besaß ich viele Kenntnis von der Sache und den Wegen des Herrn; aber sie war nicht Frucht eigener Erfahrung, sondern größtenteils nur aus Büchern geschöpft. Zu einem eigentlichen Genüsse des überschwänglichen Heiles in Christo war es in mir noch nicht gekommen" und weiterhin: „ich hatte wohl die Worte der Wahrheit, aber nicht die Wahrheit der Worte." Dasselbe Urteil spricht aus einem Briefe, den er schon am 27. Januar 1828 an einen Freund schrieb. Er sagte darin: „Es ist mir sonderbar zu Mute. Ich merke einerseits, dass mir der Herr mit seiner Gnade sehr nahe ist und ich mich nur unter Seine Hand beugen, mir seine Führung gefallen lassen und seine Gnade annehmen dürfte, so wär's geschehen. Ich möchte auch diese Seine Gnade und bin mir vollkommen gewiss, dass mein Herz nicht eher ruhig, frei, klar und selig wird, bis ich sie habe; und doch widerstrebt etwas in mir und ich finde in mir weder Mut noch Kraft, es aus meinem Herzen hinaus zuwerfen. — Ich stehe, das sehe ich wohl, bei Römer Kapitel 7, besonders Vers 24, und muss eben warten, bis des Herrn Stunde schlägt und Seine freie Gnade das Werk vollbringt."

Dass Lutz selbst so über sich urteilt, darf uns nicht in der Erkenntnis hindern, dass dies Urteil unrichtig und der Standpunkt, von welchem aus es gefällt wurde, ein verfehlter war. Hinsichtlich seines natürlichen Zustandes vermag der Mensch selbst im allgemeinen wohl am besten zu urteilen, hinsichtlich des Gnadenstandes aber, der auf der Wirkung Gottes und auf einem Mysterium beruht, wird dies keineswegs immer der Fall sein. Lutz spricht von der Gnade Gottes als von einem Gute, das er noch nicht empfangen habe, während es ihm doch schon in seiner frühesten Kindheit im Sakramente der h. Taufe zu teil geworden war. Auch hatte er von Jugend auf Gott gedient und die Gnade des Herrn reichlich erfahren. Allerdings hatte das geistliche Leben in ihm nicht die normale Entwicklung gehabt, die es allein im Glauben finden kann. Er hatte von jeher an Zweifel gelitten. Zuerst hatte er die Gnade in eigener Anstrengung, durch eigenes Tun und Verdienst zu erwerben gesucht. Dann hatte er wohl erkannt, dass die Gnade und das geistliche Leben ein freies Geschenk Gottes sei, glaubte aber nicht, dies Geschenk bereits erhalten zu haben. In diesem Gedanken fühlte er sich durch die geistlichen Erfahrungen, die ihm in seiner Gemeinde entgegen traten, nur noch bestärkt. Die lebendigen und mächtigen Gefühle und Regungen, von welchen er die Gläubigen durchdrungen und empor gehoben sah, hätte er gewünscht, auch an sich selbst zu erfahren. Er begehrte danach zu sehen und zu fühlen; in greifbaren Wirkungen nur vermochte er den Beweis für das Vorhandensein der göttlichen Gnade zu erkennen. Wenn ein Unterschied zwischen seinem eigenen Zustand und dem seiner erweckten Pfarrkinder bestand, so hatte derselbe doch nicht die Bedeutung, die er ihm beimaß. Ein Strom, der mit starkem Getöne und mächtiger Bewegung aus seinem Quellort oder zwischen Felsen hervor bricht, von welchen er gehalten war, bleibt derselbe Strom, wenn er später in weiter Ebene sanft dahin fließt; die Gaben der Altern, über welche bei deren Empfang die Herzen der Kinder aufs lebendigste erregt werden, bleiben dieselben, wenn später die Kinder in aller Stille sich ihrer erfreuen. Die volle Erkenntnis der Bedeutung, welche dem Glauben in der göttlichen Heilsökonomie zukommen, war Lutz damals noch verborgen. Er erkannte noch nicht, dass die göttliche Gnade, die auf sakramentalem Wege dem Glauben geschenkt wird, dem Glauben auf allezeit bewahrt bleibt, und beachtete nicht genug, dass der Herr die selig preist, die nicht sehen und doch glauben. Es war ein Irrtum, wenn er meinte, er stehe noch bei Römer 7 und müsse eben warten, bis des Herrn Stunde schlage und Seine freie Gnade ihr Werk an ihm vollbringe. Als er dereinst die heilige Taufe empfing, da hatte des Herrn Stunde für ihn geschlagen, da hatte Seine freie Gnade ihr Werk an ihm getan, da hatte der Herr ihn in den seligen Zustand der Kindschaft versetzt, der von St. Paulus Römer 8 beschrieben wird. Freilich fand sich Lutz damals in Karlshuld in einer geistigen Verfassung, die dem Römer 7 geschilderten Zustande unter dem Gesetz viel ähnlicher sah, als dem Zustande unter der Gnade, wie er Römer 8 beschrieben wird; aber dies war nur darum der Fall, weil er den Stand der Gnade, der ihm von Gott verliehen war und der nur durch den Glauben festgehalten werden kann, nicht recht bewahrt hatte, und also in Folge seines Zweifels und Kleinglaubens in die Stellung unter dem Gesetze zum Teil wieder zurück sank. Dadurch, dass er nicht das nötige Maß des Glaubens bewies und dem Zweifel sich eröffnete, wodurch dem Fleische Raum gegeben wurde, erklärt sich auch, wenn er findet, dass etwas in ihm der Gnade widerstrebe und er weder Mut noch Kraft habe, dies Etwas aus seinem Herzen hinaus zuwerfen.

Nachdem Lutz einmal auf den Abweg des Zweifels an dem Besitze der auf sakramentalem Wege uns zugewandten Gnade Gottes geraten war und den festen Halt im Glauben nicht finden konnte, musste es, der da er in diesem Zustande den fortlaufenden Versuchungen des Feindes nicht gewachsen war, naturgemäß rückwärts mit ihm gehen. Der krankhafte Zustand seines inneren Lebens nahm mehr und mehr eine akute Gestalt an und mit Einem Male trat die Katastrophe ein. An einem Sonntag Abend, als er sich in einer derart überreizten Gemütsstimmung befand und besonders von Anwandlungen des Zornes heimgesucht wurde, flüsterte der Feind ihm zu: „Wie magst du dich mit deinem fromm und selig werden gar so abmartern! Was hilft es dich, dass du dich nun schon Jahre lang auf alle erdenkliche Art abmühest, Gnade zu finden! Du sitzest doch immer auf dem alten Fleck und wirst auf ihm ewig sitzen bleiben. Sieh', du bist ein Narr! Es steht ja geschrieben: „Welchem Ich gnädig bin, dem bin Ich gnädig und wessen Ich Mich erbarme, des erbarme Ich Mich.“ „Es liegt nicht an Jemandes Wollen und Laufen, sondern an Gottes Erbarmen. Er erbarmt sich, wessen Er will und verstocket, welchen Er will.“ — „Sieh', das gilt auch dir! Du magst tun, was du willst; wenn Er nicht will, so will Er nicht und es ist alles umsonst.“ — Und nun erhob sich eine förmliche Auflehnung gegen Gott in seinem Innern. Dieser Zustand währte die Nacht hindurch und den kommenden Tag. Dann aber kehrte der Geist der Gnade wieder bei ihm ein. Am Abend, als er sich zur Ruhe begab, konnte er sich wieder vor Gott demütigen, von Herzen Buße tun und den Herrn um Gnade anrufen, Und nun wich das Grauen der Nacht, das seinen Geist überschattet hatte, mit einem Male dem vollen Glanz der Gnadensonne; Fluten himmlischen Lichtes drangen in sein Inneres ein und erfüllten sein Herz mit unaussprechlicher Seligkeit. Er beschreibt diese Erfahrung folgendermaßen:

„Kaum lag ich zwei bis drei Minuten lang und dachte über mich selbst und die Gnade Jesu ruhig und stille nach, als ich auf einmal bemerkte, dass in meinem Innern eine ungewöhnliche Bewegung vorging. Ein Licht ging in meinem Gemüte auf, das so rein, so wesentlich, heilig und himmlisch war, dass ich nicht wusste, wie mir geschah. Mit diesem Lichte verbreitete sich ein so tiefer, seliger Friede, eine so unerklärbar milde Ruhe, Klarheit und Freude, wie ich noch nie auch nur geahnt hatte. Ich staunte, und Tränen stoßen mir über die Wangen. Ich wollte danken, loben und anbeten; aber immer mehr wuchs der Strom der Gnade und Liebe an. Ich schaute zurück auf mein bisheriges Leben, besonders auf den gestrigen Tag und wollte schon sagen: „Sieh' Herr! ich Sünder bin solcher Gnade nicht wert!“ — da fand ich alle meine Sünden so ganz und völlig getilgt und hinweg genommen, dass ich vor Scham und Freude vor mir selbst versank; dagegen erfuhr ich eine so wahre, volle, ruhige und doch gewaltige Liebe zu Jesus in mir, dass es mir unerklärlich ist. Ich fühlte mich so innig und völlig mit Jesus, dem Heilande, verbunden, und in dieser Verbindung so sündenfrei, so gerechtfertigt, so geheiligt, begnadigt und beseligt, dass ich nur staunen und unter den süßesten Tränen sagen konnte: „Ja Herr! ist's denn möglich, dass du mich so liebst, mich, der ich's dir so entsetzlich arg gemacht habe?“ — Ich schaute dann in die Ewigkeit hinaus und sah und fühlte mich hierbei meiner ewigen Seligkeit so ganz gewiss, wie ich es so oft von Paulus und andern Kindern Gottes gelesen hatte.“

Der Herr hatte für eine kurze Weile Seine Hand von Seinem Knechte abgezogen, um ihm zu zeigen, wie der Mensch in sich selbst nichts ist und ihn dann Seine überschwängliche Liebe und Gnade in besonderer Weise schmecken lassen. Er hatte ihm die Gnade zu erkennen gegeben, zu welcher Gottes Volk in Christo Jesu fortwährend freien Zutritt hat und deren es sich im Glauben fortwährend versichert halten soll. Lutz aber fasste die geistliche Erfahrung, die ihm geworden war, nach seiner damaligen Anschauungsweise so auf, als sei ihm dadurch die Gnade Gottes überhaupt erst geschenkt worden. Er sagte damals: „Nun wusste ich, was das heiße, den Sohn Gottes haben, und genoss es selig. Jetzt verstand ich erst das siebente Kapitel an die Römer und war — dem Herrn sei Lob und Dank dafür in Ewigkeit! — vom siebenten ins achte hinüber gekommen." Er meinte, jetzt erst alles wirklich zu haben; was er vorher gehabt, sei nur Buchstabe, Gerede und Form gewesen.

Des andern Tages sagte er im Gottesdienst den Anwesenden, jetzt sei ihm das Evangelium zum Evangelium geworden. Er habe es an sich selbst erfahren und freue sich, nun auch ihnen hierzu die Hand reichen zu dürfen. — Die Leute sahen ihn befremdet an.

Lutz hatte jetzt die geistliche Erfahrung gemacht, nach welcher ihn so sehnlich verlangt hatte; aber es währte noch lange, bis er erkannte, dass geistliche Erfahrungen nicht die Bedeutung haben, die er ihnen beimaß, und dass unsere Heilsgewissheit nicht auf schwankende Gefühle, sondern auf den Felsengrund des ewigen Heils in Christo gegründet ist.

6. Ein Sinken und Wiederaufstehen

Nachdem die inneren Anfechtungen überwunden waren, kamen äußere. Eine kleine Anzahl Widersacher, welche Lutz in der Gemeinde hatte, begann die Vorkommnisse in Karlshuld zu verdächtigen und geflissentlich zu entstellen und mit diesen Leuten machten einige benachbarte Geistliche gemeinschaftliche Sache. Wenn in Lutzens Wirksamkeit allerdings etwas lag, was mit dem Dogma und der Praxis der römischen Kirche nicht stimmte und den betreffenden Geistlichen gegründete Bedenken einflößen mochte, so scheint doch mehr der Umstand ihnen ärgerlich gewesen zu sein, dass ihr Amtsgenosse in Karlshuld für Messelesen kein Geld nahm, überhaupt alles umsonst tat, und dabei auch von auswärts großen Zulauf hatte. Lutz fühlte sich durch dies Auftreten gegen ihn sehr beunruhigt, zumal er sich sagen musste, dass die erwähnten außerordentlichen Vorkommnisse nicht die Billigung seiner Vorgesetzten finden würden, wenn sie ihnen zu Ohren kämen. In ihm selbst tauchte immer der Zweifel auf, ob eine religiöse Bewegung, welche zum Teil Erscheinungen bedenklichen Charakters im Gefolge habe, wirklich aus Gott sei. Daher war er auch nicht geneigt, ihr Ehre und guten Namen und am Ende gar Amt und Stellung zum Opfer zu bringen. Schon im Sommer 1828 erfüllte ihn diese Besorgnis und er ließ den Mut sinken. Gegen den Herbst hin wuchs seine Furcht und zuletzt überwältigte sie ihn. Er begann zu wünschen, dass die geistliche Bewegung, die unter seiner amtlichen Tätigkeit in Karlshuld entstanden war und um derentwillen er sich jetzt als Ketzer und Schwärmer ausgerufen sah, gar nicht hervor getreten wäre, und war in seiner amtlichen Tätigkeit bemüht, sie zurückzuhalten und zu dämpfen. Er hielt zwar die Gottesdienste in der gewöhnlichen Ordnung, aber ohne Teilnahme und Wärme. In Predigt und Christenlehre vermied er es, auf den Geist der Gemeinde erweckend und belebend hätten einwirken können, und wenn er sich innerlich dazu angetrieben fühlte, widerstand er dem Antrieb und unterdrückte ihn. Die Beichttage wurden ihm unangenehm, weil ihm die Leute darin den Gang ihres religiösen Lebens schilderten, um von ihm Rat und Trost zu erhalten. Er behandelte die Beichtenden gleichgültig und schläferte sie sogar ein. Um von der Gnade Gottes nicht mehr so kräftig angefasst zu werden, vermied er Meditation und Gebet. Ja, er ging soweit, dass er einige male den Wunsch aussprach, dass gar kein Leben in der Gemeinde erwacht und alles beim Alten geblieben wäre.

Der Gemeinde konnte es natürlich nicht verborgen bleiben, wie es mit Ihrem Seelsorger stand. Die Leute waren betrübt und beteten für ihn.

Lutz suchte sich nun immer mehr zurückzuziehen, wobei ihm der Umstand zustatten kam, dass er infolge der Übersiedlung (November 1828) in ein neugebautes, feuchtes Pfarrhaus zu kränkeln begann. Von neuem ließ er es sich angelegen sein, die in seiner Gemeinde hervor getretene religiöse Bewegung zu prüfen, konnte aber zu keinem andern Resultate gelangen, als dass dieselbe der Hauptsache nach aus Gott sei. Er erkannte auch ganz gut, dass seine Schwachheit und Mutlosigkeit vom Feinde herrühre, und das Wort St. Pauli Galater 6, 14—15:

„Es sei ferne von mir, mich zu rühmen, denn allein des Kreuzes unseres Herrn und Heilandes Jesu Christi, durch welchen mir die Welt gekreuzigt ist und ich der Welt" stand als eine gewaltige Strafpredigt vor ihm. Die hier gegebene Beschreibung seines damaligen Zustandes ist „historischen Notizen" über die Karlshulder Verhältnisse entnommen, die er 1832 heraus gegeben hat. Er schloss die dortige Darstellung mit den Worten: „So war nun in mir die erste Liebe erloschen und der Eifer für das Haus des Herrn erkaltet. Mit Wehmut schreibe ich hier dieses nieder und möchte dabei allen, die den Herrn kennen und lieben, zurufen: „Macht es nicht wie ich! Bleibet dem Herrn treu und haltet fest, was ihr habt!"

Die Befürchtungen, die Lutz hegte, schienen indes unbegründet zu sein. Da alles stille blieb, gewann er wieder seine Fassung. Mit Anfang des Jahres 1829 begann sich bei ihm die Sehnsucht nach Wiederkehr der ersten Liebe zu regen. Bald vernehmen wir auch, dass sein Geist wieder auflebt. Ende Februar schreibt er: „Ich erfahre täglich mehr, dass Er mich wieder an Sich zieht, und bin überzeugt, dass Er mir wieder die vorige Glaubensfreudigkeit schenken wird." Bald darauf beichtete er und als er von seinem Beichtvater beruhigt und ermuntert worden war, an der erkannten Wahrheit und der erfahrenen Gnade Gottes festzuhalten, ohne auf das Urteil der Menschen zu achten, machte er auf dem Heimweg eine ähnliche geistliche Erfahrung, wie das Jahr zuvor. Derselbe Frieden, dasselbe Licht, dieselbe geistliche Klarheit und Freudigkeit durchdrangen wieder sein Inneres. Lutz fasste diese Erfahrung in demselben Sinne auf, wie das erste Mal. Nachdem die Gnade Gottes wieder im Glauben von ihm ergriffen worden war, hatte er auch von neuem eine besondere, fühlbare Zusicherung derselben vonseiten Gottes erwartet und in der erwähnten Erfahrung glaubte er dieselbe erhalten zu haben.

Nun kehrte wieder Mut und Freudigkeit bei ihm ein und die Seinen freuten sich mit ihm des wiedergekehrten Friedens. Auch die Gemeinde, welche die frühere Freudigkeit an ihrem Seelsorger bemerkte, lebte neu auf.

7. Geistliche Zustände der Gemeinde

Wenn man das Bild, welches die Karlshulder religiöse Bewegung im Jahre 1829 darbot, mit dem des Vorjahres, der Zeit der allgemeinen Erweckung, vergleicht, so ist ein wesentlicher Unterschied wahrzunehmen. Die außerordentlichen geistlichen Vorkommnisse waren nun selten geworden und verloren sich am Ende ganz. Das öftere Reden in Weissagung hatte nur bis Juli 1828 gewährt, sporadisch scheint die Gabe auch noch später hervorgetreten zu sein. Der Geist der Gemeinde wandte sich jetzt mehr dem verstandesmäßigen Erfassen der Wahrheit und den mehr praktischen Fragen des Christentums zu.

Lutz sah in dieser Veränderung nur einen Fortschritt und freute sich geradezu, dass die ungewöhnlichen Erscheinungen, die ihm so viele Sorge bereitet hatten, nun selten geworden waren und endlich ganz ausblieben. Es lässt sich allerdings nicht verkennen, dass die Gemeinde gegen das Vorjahr Fortschritte in der Erkenntnis der Wahrheit gemacht und manche Erfahrung in den Wegen Gottes gewonnen hatte, und der Eifer in der Erforschung des Wortes Gottes, wie in der Erkenntnis des praktischen Christentums, lässt darauf schließen, dass sich die Gemeinde auf rechtem Wege befand. Berührt es aber nicht wehmütig, wenn in der Darstellung dieser Verhältnisse, wie Lutz sie in den „historischen Notizen" gibt, gar kein Ton der Klage laut wird, dass Gaben des Geistes — Gaben, welche schon durch den Propheten Joel verkündigt worden sind und auf welche St. Petrus in seiner Pfingstpredigt als auf die Verheißung Gottes hinweist, die den Gläubigen gegeben ist (Apostelg. 2, 38. 39), kaum, dass sie durch Gottes Gnade wieder erwacht waren, — von Neuem verloren gingen? Lutz meinte damals, da das Wesen des Christentums in Glauben und Liebe, in frommem Sinn und Wandel, in Selbstverleugnung und Geduld, überhaupt in der Nachfolge Christi bestehe, seien jene übernatürlichen Gaben nicht notwendig. Erst in einer späteren Periode seines Lebens gelangte er zu der Einsicht, dass der Heilige Geist, der in der Kirche wohnt, durch seine Gaben fortwährend für Jesum zeugen und den Pfad der Kirche beleuchten will, ja, dass dieselben unentbehrlich sind, wenn die Kirche zu einer Behausung Gottes im Geist erbaut und zur Bereitschaft für die Zukunft des Herrn gebracht werden soll.

Indem sich die Gemeinde nun mehr der verstandesmäßigen Erfassung der Wahrheit des Evangeliums zuwandte, begann sie einzusehen, dass in der Lehre und den Gebräuchen der römischen Kirche nicht Alles auf göttlicher Anordnung beruhe und mit der evangelischen Wahrheit sich bereinigen lasse, sondern dass Manches als menschliche Zutat erscheine, ja der heilsamen Lehre, wie sie in der heiligen Schrift enthalten ist, geradezu widerspreche. Indem sie nun bei Lutz darüber Belehrung suchte, nahm derselbe Veranlassung, sich über die Zeremonien, die äußeren Gebräuche der römischen Kirche auszusprechen. Wir begegnen hier bei Lutz einer sehr einseitigen Auffassung der kirchlichen Gebräuche, indem er dieselben im besten Falle als Meilenzeiger auf dem Wege zur Seligkeit, als Wegweiser zu Christus ansieht und meint, in dieser Absicht seien sie auch eingeführt worden. Er sieht in ihnen stehende Beweise, dass die Kirche größtenteils von dem lebendigen Gott abgefallen sei.

Er sagte seiner Gemeinde geradezu, die Zeremonien deuteten ihnen an, dass sie samt und sonders das rechte Leben und das wahre Heil noch nicht hätten und dass sie es daher in Christo suchen sollten. Insofern sie auf Christum hinwiesen, seien sie gut und man solle sie daher in Einfalt und Treue benutzen, aber nicht bei denselben stehen bleiben, sondern sich durch sie zu Christus hinführen lassen. Sei man aber einmal in Christo, habe man in Ihm Vergebung der Sünden und ewiges Leben gefunden, so bedürfe man der Wegweiser nicht mehr.

Nach diesem allgemeinen Grundsatze wurden nun alle einzelnen Zeremonien und kirchlichen Gebräuche erklärt, behandelt und benützt.

Wir sehen, Lutz ist hier auf den Abweg einer falschen Vergeistigung geraten. Er verkennt ganz den sinnbildlichen Charakter der kirchlichen Gebräuche und ihre wahre geistliche Bedeutung, wonach sie Ausdrucksformen für geistliche und himmlische Dinge sind und als solche im kirchlichen Gottesdienst ihre unabweisbare Stelle haben, auch von Anfang an gehabt haben. Wie wir Menschen nicht nur einen Geist, sondern auch einen Leib haben und im gewöhnlichen Leben den geistigen Vorgängen einen äußern, für die Sinne wahrnehmbaren Ausdruck zu geben gewohnt sind, so kann auch der Gottesdienst der Kirche nicht in einer unserm menschlichen Wesensbestande angemessenen Weise ausgeführt werden, ohne den geistlichen und himmlischen Dingen durch Sinnbilder und Zeremonien Ausdruck zu verleihen. Hat doch Gott der Herr bei dem Sakramente der heil. Taufe den Gebrauch des Wassers, bei dem des heil. Abendmahles den Gebrauch von Brot und Wein verordnet. Unter der Hülle irdischer Dinge reicht Er die höchsten geistlichen Güter dar. Im Sinne der Kirche setzen Sinnbilder und äußere Gebräuche geistliches Leben voraus; ohne diese Voraussetzung haben sie ihre eigentliche Bedeutung eingebüßt und sind dann freilich nur noch Hinweise auf Christum, den man vergessen und verloren hat. Wenn auch zu Höhe herabgesunken war, manche Zeremonien als Wegweiser zu Christo für die vielen Tausende eingeführt worden sein mögen, welche, obwohl in die Kirche aufgenommen, doch Christum nicht kannten, und wenn sogar verkehrte, auf Irrtum und Aberglauben ruhende Zeremonien eingeführt worden sind, so darf man über diesen später aufgekommenen Gebräuchen die ursprüngliche und eigentliche Bedeutung der kirchlichen Sinnbilder und Gebräuche nicht vergessen.

Wir mögen aus diesem Vorgehen Lutzens erkennen, dass für diejenigen, welchen nicht volles göttliches Licht leuchtet, eine Aufrichtung der Kirche aus ihrem gesunkenen Zustande unmöglich ist. Der für das himmlische Licht geordnete Träger ist aber «das prophetische Wort und wo der Geist der Weissagung, der das Zeugnis Jesu ist (Offenb. 19, 10), gedämpft erscheint, kann auch das volle göttliche Licht nicht vorhanden sein. Wäre die Gabe der Weissagung, wodurch der Herr den Pfad Seiner Kirche beleuchtet, in Karlshuld erhalten geblieben und hätte sie sich in Reinheit entfaltet, so ist anzunehmen, dass Lutz und seine Gemeinde vor dem verhängnisvollen Abwege einer falschen Vergeistigung bewahrt geblieben wäre.

Wenn übrigens Lutz und die Mehrzahl der Karlshulder Gemeindeglieder auch nur ein beschränktes Maß von Licht und Unterscheidung besaßen, so war es ihnen doch bei ihren auf Reformierung abzielenden Bestrebungen höchster Ernst um die Reinigung des geistlichen und kirchlichen Lebens von Menschensatzungen und Verkehrtheiten und sie begannen damit bei sich selbst. Indes konnte es nicht fehlen, dass es in der Gemeinde auch solche gab, die lieber nur außer sich als in sich reformiert hätten; und es kostete Lutz viele Mühe, dieselben zu besserer Einsicht zu bringen. Wenn sich von Ostern 1829 an wieder Anfechtungen von außen erhoben und die Lehre, wie Lutz sie geltend machte, von mehreren Seiten neuerdings als Irrlehre und Ketzerei ausgerufen wurde, so entbehrten solche Beschuldigungen, wie wir sahen, nicht ganz der Begründung.

8. Not und Hilfe

Es ist bereits erwähnt worden, dass bei der Gründung von Karlshuld auf den für 20 Familien berechneten Moosstrecken 126 Familien Aufnahme fanden. Boten denselben die ihnen zugefallenen Gründe schon wegen ihrer Kleinheit nicht die Möglichkeit, sich ausreichend darauf zu ernähren, so kam noch dazu, dass die Leute wegen mangelnden Viehstandes nicht einmal in der Lage waren, ihre Gründe gehörig zu bebauen. Sie waren daher meist genötigt, auswärts Verdienst zu suchen; die dies nicht bedurften, verdankten ihre bessere Lage einem Gewerbe, das sie trieben, oder Unterstützungen, die ihnen von außen zuflossen. Im Sommer war es denen, welche auswärts Verdienst suchen mussten, nicht schwer, ihn zu finden, im Winter aber trat jedes Mal die Not wieder ein. Im Winter 1829 auf 1830 stieg dieselbe auf einen noch nie dagewesenen Grad. Im vorhergehenden Sommer war der größte Teil des Getreides und Hanfes durch Wetterschlag vernichtet worden und im Winter war dann noch das letzte Nahrungsmittel, die Kartoffeln, erfroren. Als Lutz eines Vormittags zu Anfang Januar nach Beendigung des Unterrichts in dem Schulzimmer zurückblieb, fiel ihm auf, dass auch viele Schulkinder zurückblieben. Er fragte den Lehrer, warum die Kinder nicht nach Hause gingen, und erhielt zur Antwort, sie hätten zu Hause nichts zu essen und da sie den oft weiten Weg nach Hause umsonst machen müssten, blieben sie lieber gleich über Mittag da. Lutz fragte ein Kind: „Hast du denn gar nichts zu essen?" „Nein," sagte es und weinte. Er fragte weiter: „Was hast du denn heute früh gegessen?" „Nichts," war die Antwort. „Und gestern Abend?" „Auch nichts." Von andern Kindern, welche er fragte, erhielt er dieselbe Antwort. Es waren 50 nahrungslose Kinder vorhanden. Lutz weinte mit den Kindern und ging nach Hause. Seine Leute hatten noch dritthalb Laib Brot und vier bis fünf Gulden. Das Brot wurde sogleich unter die Kinder verteilt, und von dem Gelde für die nächstfolgenden Tage anderes angekauft. Die hungernden Kinder, deren Zahl nach und nach auf 80 stieg, erhielten täglich zweimal, Mittags und Abends, Brot und waren dabei seelenvergnügt. Gegen Ende des Monats gingen aber Brot und Geld aus. Eben war aller Vorrat aufgezehrt, als Lutz in Neuburg von zwei Seiten Unterstützungsbeiträge für seine Armen erhielt. Er kaufte dafür sogleich 30 bis 40 Laib Brot, und fuhr damit fröhlich nach Hause. Damit war aber freilich wieder nur für den Augenblick gesorgt und Lutz sah ein, dass etwas Größeres geschehen müsse. Denn nicht nur den Kindern, sondern auch den Erwachsenen musste geholfen werden, von welchen manche schon Tage, ja Wochen lang nichts als erfrorene Kartoffeln, und selbst diese nur kärglich, zu essen hatten. Er wandte sich daher in einem gedruckten Aufrufe zunächst an seine Freunde in Augsburg um Hülfe. Von da drang die Sache nach München, wo sich ein Verein zur Unterstützung Karlshulds bildete. Auch in Nürnberg, Erlangen, Dillingen und an dern Orten wurde die Not Karlshulds bekannt und bald gingen von allen Seiten Unterstützungsbeiträge in Geld oder Naturalien ein. Lutz durfte dabei manche liebliche und den Glauben stärkende Erfahrung machen. Besondere Freude machte ihm ein Besuch, dener erhielt. Im März kam ein Herr, dessen Kleidung einen Geistlichen verriet, ins Pfarrhaus, fragte nach Lutz, ließ sich, da letzterer an einem vorübergehenden Unwohlsein zu Bette lag, zu ihm führen, unterhielt sich mit ihm und legte mit den Worten: „das ist für Ihre Gemeinde," eine Rolle mit 110 Gulden auf den Tisch.

Lutz erkannte an dem Ringe, den der Fremde trug, obwohl die Außenseite desselben nach der inneren Handfläche gedreht war, einen Bischofsring und redete seinen Besucher als Bischof an. „Woher wissen Sie dies?" frug letzterer. „Ich schließe es" entgegnete Lutz. Durch alles Bitten war der unbekannte Wohltäter nicht zu bewegen, seinen Namen zu nennen. „Mein Name nützt weder Ihnen noch Ihrer Gemeinde," entgegnete er mit freundlichem Lächeln und Lutz, wie dessen Gemeinde, der fernern Fürsorge und Obhut Gottes empfehlend, schied er. Es stellte sich heraus, dass es der Bischof von Eichstätt war, dessen Besuch Lutz empfangen hatte.

Am 27. Juni 1830 war ein Gewitter, das schon den ganzen Nachmittag am südwestlichen Horizont des Donaumooses gestanden hatte, Abends um 6 Uhr endlich losgebrochen. Binnen zwei Minuten waren von dem orkanähnlichen Sturmwinde 24 Wohn- und Ökonomie-Gebäude umgestürzt und ein zwei- bis dreistündiger Regen setzte das ganze obere Moos unter Wasser. Die armen Kolonisten waren nun ohne Wohnung für sich, ohne Stallung für ihr Vieh und ohne Scheune für Getreide und Futter. Die Not und der Jammer war groß, aber Gottes Güte hatte schon vorgesorgt. Kurz zuvor hatte Lutz die Nachricht erhalten, dass bei dem Münchener Frauenverein 2581 Gulden für Karlshuld bereit lägen. Mit Hilfe dieses Geldes standen die eingestürzten Gebäude in kurzer Zeit, solider und bequemer gebaut als zuvor, wieder unter Dach.

Eine ansehnliche Unterstützung rührte von den Kindern eines hohen Staatsbeamten her, die ihre Eltern gebeten hatten, ihnen eine Zeit lang statt des gewöhnlichen Frühstücks das Geld dafür zu geben und ihnen zu erlauben, es den armen Kindern in Karlshuld zu schicken. Auch Dienstboten sandten ihre sauer verdienten Sparpfennige. In dem dritten Hefte der historischen Notizen konnte Lutz, abgesehen von den Natural-gaben, über einen Gesamtgeldbetrag von über 8000 Gulden quittieren. Damit war der Not zunächst gesteuert. Lutz ließ 108 Kühe kaufen und sie so verteilen, dass jede Familie in Zukunft wenigstens zwei Kühe hatte. Dadurch bekamen die Kolonisten nicht nur den nötigen Bedarf an Milch und Butter, sondern auch so viel Dünger, dass sie ihre Felder bestellen konnten. Das eingegangene Geld fand auch Verwendung für die Kirche und Schule, für Kranke, zur Erlernung von Gewerben, zum Ankauf von Brot und Saatfrucht, zur Herstellung einer Vikarwohnung und für andere Gegenstände.

Die meisten Unterstützungsgelder wurden den Kolonisten in der Weise gereicht, dass dieselben einen ganz geringen Zins dafür zu leisten hatten. Durch Gründung eines Karlshulder Schul-, Armen- und Kranken-Fonds, dessen Stammvermögen eben in dem verzinslichen Kapital bestand, wurde die Wohltat der der Gemeinde zugeflossenen Unterstützungsgelder zu einer dauernden gemacht.

So wurde Lutz durch sein eifriges, mit schönem Erfolg gekröntes Wirken auch in materieller Hinsicht der Wohltäter seiner Gemeinde und das Band, das ihn bisher schon so innig mit ihr vereinigt hatte, wurde nur um so enger geknüpft. Lutz empfand dies auch.

Er schrieb über jene Zeit: „Meine Liebe zu den Leuten wuchs im selbigen Winter und Frühjahr von Tag zu Tag. Wie wohl Tat es mir, von ihnen so ganz verstanden und gefasst zu werden. Ein großer Teil bekam einen immer mehr geläuterten christlichen Sinn und Takt, und mit solchen mich zu unterhalten war mir jedes Mal die seligste Erholung."

Lutzens eifriges Wirken für das allseitige Wohl seiner Gemeinde konnte nicht verfehlen, auch die Aufmerksamkeit der Regierung auf ihn zu lenken. Durch Verleihung des goldenen Zivilverdienst- Ehrenzeichens fand seine Wirksamkeit öffentliche Anerkennung.

9. Lutz im Verhör

Während dieser für Lutz so arbeitsvollen und bewegten Zeit waren auch seine Widersacher nicht müßig. Ende März vernahm er, zwei benachbarte Geistliche, die seine Hauptgegner waren, hätten geäußert, sie wollten nicht ruhen, bis er aus Karlshuld und der Gegend überhaupt entfernt sei, und sie hätten bereits Klagen gegen ihn beim bischöflichen Ordinariat eingereicht. Diese Gerüchte riefen große Aufregung in Karlshuld hervor; die Leute fürchteten, man möchte Lutz ohne Weiteres versetzen. Es kamen Männer aus der Gemeinde zu ihm und erklärten, letztere sei entschlossen, eine Deputation an den Bischof von Augsburg zu senden mit der Bitte, wenn es zu einer Untersuchung komme, auch die Gemeinde und nicht bloß die Gegner zu hören. Lutz riet von diesem Schritte ab und mahnte zur Geduld, sowie zur Ergebung in die Hand des Herrn, der Alles zum Besten leiten werde. Er war in dieser Zeit voll wunderbaren himmlischen Friedens und bereit, um des Herrn willen alle Stürme willig über sich ergehen zu lassen. In der Tat schien jetzt das Gewitter über ihn herein zu brechen. Als ihm am 23. April die Gemeinde ihre freundlichen Wünsche zu seinem Namensfest dar brachte und alle fröhlich beisammen waren, erhielt er ein Schreiben, das seine Vorladung vor das bischöfliche Ordinariat enthielt. — Schweren Herzens machte er sich am 25. April auf den Weg nach Augsburg; seine Mutter und seine Schwestern, die auch bei ihm waren, weinten. Lutz kannte das Verfahren, das seiner Zeit in der Boosschen Sache von der oberhirtlichen Behörde eingehalten worden war, und hatte deshalb Ursache, besorgt zu sein. Wie atmete er aber auf, als der Generalvikar Weber, sein früherer Lehrer, zu welchem er sich bei seiner Ankunft in Augsburg sogleich begab, ihn liebreich, wie sonst, empfing und nur mit aufgehobenem Finger sagte: „Gelt! ich hab' dir's gesagt, du werdest noch ankommen, wenn du mir nicht folgst." Domkapitular Kiechle war mit der Untersuchung beauftragt. Derselbe empfing ihn mit Liebe und Ernst und bestellte ihn für den kommenden Morgen um 8 Uhr in die bischöfliche Ordinariatskanzlei. Die Untersuchung begann nun am 26. und dauerte bis zum 30. April, jeden Tag von 8—12 Uhr und von 1—6 oder 7 Uhr. Die Antworten auf die dogmatischen Fragen, welche an ihn gestellt wurden, musste er zu Protokoll diktieren. Er tat dies nach bestem Wissen und Gewissen. Eine Antwort indes, die er gab, beunruhigte ihn nachträglich sehr. Er hatte nämlich erklärt, er erkenne den Primat des Papstes an, während er schon einige Wochen vorher zu der Überzeugung gekommen war, dass der Glaube an diesen Primat zur Seligkeit nicht notwendig sei. Er erkannte in dieser Erklärung eine Unredlichkeit und nahm sie später zurück. An die Besprechung dogmatischer Gegenstände reihte man dann die Besprechung der eingegangenen Klagepunkte an. Lutz erzählte später, die meisten Klagen hätten auf Unwahrheit, andere auf Missverständnis beruht und die übrigen hätten sich auf Verstöße gegen die sogenannte Pastoralklugheit bezogen. Die Hauptkläger waren wirklich die zwei Geistlichen, von welchen er schon vorher gehört hatte. Als die Klageschrift des einen der beiden vorgelesen worden war, wusste er bei zwei Minuten nichts zu antworten vor Erstaunen über die boshafte Entstellung der Sache.

Domkapitular Kiechle, der bei dieser Untersuchung Lutz mit rührender Schonung und Liebe behandelte, ohne dabei der römisch-katholischen Dogmatik oder dem kanonischen Rechte etwas zu vergeben, gewann dadurch seine ganze Achtung und Liebe. Und wie Weber und Kiechle, so kam auch der Bischof selbst dem jungen Priester mit väterlicher Liebe entgegen.

Groß war die Freude, als Lutz wieder bei den Seinen eintraf. Als er des Sonntags wieder die Kanzel betrat, weinte die Gemeinde. Er schrieb damals an einen Bekannten: „Sie (die Gegner) beschlossen einen Rat und es wurde nichts daraus."

Um dem bischöflichen Ordinariat gegenüber seine Stellung möglichst zu beleuchten, schickte er noch einige nachträgliche Erläuterungen ein. Lange erfuhr er nichts Offizielles über das Ergebnis der Untersuchung, bis ihm unterm 11. Juni 1830 ein Ordinariatsbeschluss des Inhalts zugestellt wurde, dass man sich durch die von Lutz gegebenen Erklärungen genügend und durch dessen nachträglich eingesandten Erläuterungen vollkommen befriedigt gefunden habe und daher weitere Zeugenvernehmungen, wenigstens vor der Hand, nicht mehr für nötig erachtet würden. Man fand indes doch für zweckmäßig, ihn zum Festhalten an der römisch-katholischen Kirche, ihrem Lehrbegriff, ihrer Liturgie, Disziplin und ihren Gebräuchen und zur Unterlassung alles Ungewöhnlichen, Aufsehen erregenden zu ermahnen, beauftragte ihn, über seine Pastoration jedes Quartal an die bischöfliche Stelle Bericht zu erstatten und stellte ihn unter die Aufsicht des Kämmerers Mayr, Pfarrers von Hollenbach, eines Mannes, welchem sich Lutz durch die schonende Milde, welche er von ihm erfuhr, in der Folge zu herzlichem Dank verpflichtet fühlte.

10. Fernere Zustände in der Gemeinde

Nach der Untersuchung der Sache Lutzens in Augsburg war es einige Zeit in der Gemeinde stille und auch von Außen kamen keine Anfechtungen. Nach und nach stellten sich nun bei einzelnen Gemeindegliedern Gewissensbedenken ein, dass sie das heil. Abendmahl nicht unter beiden Gestalten empfangen durften. Diese Leute gehörten zu den besten Gemeindegliedern. Lutz suchte sie zu beruhigen, aber es gelang ihm nicht.

Aus jener Zeit existiert ein Brief von ihm, woraus man sieht, wie es damals mit den geistlichen Gaben in der Gemeinde stand, und welche Stellung er zu denselben einnahm. Er schreibt unter dem 25. Dezember 1830 an einen Freund: „Die außerordentlichen, ungewöhnlichen Vorfälle haben sich nun beinahe ganz verloren und das religiöse Leben gewinnt immer mehr an Ruhe, Einfachheit, Klarheit und Schriftmäßigkeit, möchte ich sagen. Ganz vermeiden lassen sich bei Bekehrungen und Erweckungen zum höheren geistigen Leben derlei Vorfälle durchaus nicht. Sie sind auch ganz in der heiligen Schrift, in den Erfahrungen der Heiligen und beinahe aller gläubigen Kinder Gottes begründet; aber sie erfordern in ihrer Behandlung eine erstaunliche Vorsicht und Klugheit, sonst benützt sie der Satan zu seinen Absichten und schadet der Sache des Evangeliums gewaltig. Prüfe derlei Dinge mit aller Schärfe am Worte der Schrift und sei in Beziehung auf sie lieber zu hartgläubig, als zu leichtgläubig; was du aber nach gewissenhafter Prüfung als wahr und gut, als der Schrift und der Erfahrung der Heiligen gemäß daran erkannt hast, Freund! das halte fest und sollte auch die ganze Welt über Schwärmerei schreien. Christus und seine Apostel waren in ihrem Auge und nach ihrem Urteil die größten Schwärmer; und dieser Gesellschaft haben wir uns wahrlich nicht zu schämen. Ich bin vollkommen mit dir einverstanden, wenn du schreibst, dass wir heutzutage in Beziehung auf Christum, Sein Leben und Seine Wirksamkeit gerade noch dieselben Erfahrungen machen können, wie sie Seine Apostel und die Gläubigen der ersten Jahrhunderte machten. Was Christus damals war, das ist Er noch; was Er damals wollte, will Er noch; was Er damals konnte, kann Er noch; was Er damals tat, tut Er noch! Freund! nur das kindlich, einfältig, buchstäblich, zweifellos geglaubt, und wir erfahren dann, dass es wahr ist. Wer Glauben hat, erfährt es, und wer's erfahren hat, dem ist die Sache so ausgemacht wahr, als dass zwei mal zwei vier ist. O darum lass uns Kinder werden, auf dass wir glauben können, und dann im Glauben Männer und Helden Gottes werden!" — In den ersten Tagen des darauf folgenden Jahres 1831 wurden drei junge Leute von den Wirkungen der Gnade ergriffen. Da denselben ihre andern Kameraden sehr am Herzen lagen, beteten sie viel für sie und forderten sie dann in einem Schreiben auf, die Gnade Gottes ebenfalls zu ergreifen und, im Falle sie es tun wollten, ihre Namen unter das Aufforderungsschreiben zu setzen. Dieser einfache Schritt hatte eine merkwürdige Wirkung. Viele junge Leute unterzeichneten sich mit Freuden, schlossen sich mit rührender Liebe an die Andern an und rissen sich im ersten Feuer von Allem los, was sie mit dem Sinne Christi nicht vereinbar fanden.

Diese lebendige Bewegung unter den jungen Leuten entfachte auch den Eifer der Verheirateten und so entstand unter Jung und Alt ein immer eifrigeres Suchen und kräftigeres Ergreifen der göttlichen Gnade.   41

Am 12. März 1831, dem Geburtstage Lutzens, an welchem er sein dreißigstes Jahr vollendete, schrieb er an einen Freund: „Der Herr wirkt jetzt in meiner Pfarrei in sehr vielen Herzen gewaltig und lieblich. Bei Einem nach dem Andern kommt es zum völligen Siege der Gnade. O der gute, fromme und treue Heiland! Er ist nunmehr auf's Neue eingekehrt in meinem Hause, in meiner geliebten Gemeinde. O wie überglücklich, wie überselig bin ich armer Sünder, Zeuge von der heilig und selig machenden Kraft Christi sein zu dürfen."

In demselben Briefe erfahren wir auch, dass die Unterstützung, welche die Gemeinde ein Jahr vorher in so reichlichem Maße erhalten hatte, schon wieder aufgezehrt war. Lutz schreibt: „In zeitlicher Hinsicht geht's jetzt in der Gemeinde sehr bedrängt. Die Lebensmittel sind aufgezehrt. Ich habe schon ein hübsches Sümmchen Schulden dafür gemacht. Die Saatzeit beginnt binnen 14 Tagen und es fehlt Vielen das Samengetreide. Sie haben sehr viel Dünger und könnten daher eine ordentliche Quantität Getreide und Erdäpfel ausbauen. Im Vertrauen auf den Herrn werde ich etwa 200 Gulden entlehnen, damit die Leutchen doch das nötigste Samengetreide bekommen."

Die Leute schlossen sich in dieser Zeit immer mehr an einander an und versammelten sich öfters unter der Woche in den Häusern, nach Geschlechtern und Ständen abgesondert, zu gemeinschaftlicher Erbauung. In diesen Versammlungen wurde das Neue Testament, die Nachfolge Christi von Thomas a Kempis, Goßner's Erbauungsbuch und andere religiöse Schriften vorgelesen und das Lesen wechselte ab mit Gesang und Gebet. In diesen Versammlungen zeigte sich manchmal große geistige Bewegung. Es kam vor, dass die ganze Schar der versammelten 60, 70 oder 80 Männer vor Freude über einen bekehrten Sünder weinte.

Als diese Zusammenkünfte immer größer wurden, glaubte Lutz gut zu tun, die kgl. Regierung, sowie das bischöfliche Ordinariat davon in Kenntnis zu setzen und um die nötigen Verhaltungsmaßregeln zu bitten. In Beantwortung seiner Eingaben wurden die Versammlungen von dem bischöflichen Ordinariat verboten, von der Negierung aber erlaubt. Die Regierung wies nur das Landgericht Neuburg an, auf die Versammlungen ein Auge zu haben und empfahl, in denselben Bücher zu lesen, welche gemeinnützige Kenntnisse verbreiten oder, wie die Schriften des Augsburger Domkapitular Christoph Schmid, moralische Tendenzen verfolgen.

Lutz setzte nun das bischöfliche Ordinariat von der durch die Regierung gewährten Erlaubnis der Versammlungen in Kenntnis und frug an, ob dasselbe auf seinem Verbot bestehe. Darauf erfolgte keine Antwort. Lutz machte nun von der Erlaubnis der kgl. Regierung Gebrauch und verkündigte von der Kanzel, dass die Versammlungen fortgesetzt werden dürften. Dies geschah denn auch den ganzen Sommer hindurch und gereichte Vielen zum Segen.

11. Drohende Wolken

Im April 1831 erhoben sich neue Anfechtungen. In Karlshuld befanden sich 10 bis 15 Familien, die Lutz feindlich gesinnt waren. Einige unter ihnen wüteten förmlich gegen ihn. Angehörige derselben liefen von Haus zu Haus, um die Gemeinde irre zu machen. Da man sie aber als gottlose Leute kannte, vermochten sie nichts auszurichten. Bei drei benachbarten Geistlichen fanden sie aber Gehör und Unterstützung. Der Hass und die Lästerung nahm noch zu, als die Regierung der Wirksamkeit Lutzens öffentlich rühmende Erwähnung Tat und als bekannt wurde, dass er das goldene Ehrenzeichen des Zivil- Verdienstordens erhalten habe.

Mitte Juni kamen mehrere gutgesinnte Männer aus der Gemeinde zu Lutz und teilten ihm mit, 10 bis 12 Männer von Karlshuld hätten sich mit einigen benachbarten Geistlichen verbunden, nicht mehr zu ruhen, bis sie ihn von Karlshuld und aus dem Donaumoos hinweg gebracht hätten. Lutz wollte es nicht glauben und suchte es ihnen auszureden; sie aber blieben dabei, dass es so sei, wie sie gesagt hätten, und fügten hinzu, wenn man diesen Leuten und den mit ihnen verbundenen Geistlichen glaube, träten mehr als 100 Familien aus der römisch-katholischen Kirche aus. Dies machte Lutz betroffen; denn er hatte es nicht auf eine Trennung von der römisch-katholischen Kirche abgesehen, sondern wollte nur sich und der Gemeinde den vollen Besitz des Heils in Christo sichern.

Einige Tage später kamen wieder einige Männer zu ihm und drangen in ihn, doch auch Maßregeln zu ergreifen, um seinen Widersachern zu begegnen. Die Gemeinde sei entschlossen, es aufs Äußerste ankommen zu lassen, ehe sie ihn fortlasse. Lutz antwortete, er werde abwarten, was das bischöfliche Ordinariat tue. Ohne Zweifel werde man auch ihn hören und die Gemeinde und dann gehe die Sache gewiss recht.

Dennoch ward er von bangen Ahnungen beunruhigt und schwer in seinem Geiste angefochten. Manche halbe Nacht brachte er schlaflos zu. Am 20. Juli schrieb er an einen Freund: „Die Verleihung des goldenen Ehrenzeichens des Zivil-Verdienstordens bildet den Höhepunkt meiner Ehre vor der Welt. Du wirst sehen, wie bald und schnell es nun abwärts geht. Meine Geschichte wird nun in kurzer Zeit so galgenmäßig werden, als sie jetzt noch glorios ist. Das ist aber recht und muss sein. — Der gute, geliebte König meinte es gut mit mir, aber das ist nun das Signal für meine Gegner, nicht mehr zu ruhen, bis ich unterliege. Doch im Unterliegen siegen — ist echt christlich."

Immer näher glaubt er nun den Sturm heranziehen zu sehen. Am 2. August schreibt er: „Tagtäglich erwarte ich entweder eine bischöfliche Kommission oder eine Vorladung nach Augsburg."

Am 7. August (1831) erhielt er von einem freundlich gesinnten Herrn folgendes Schreiben:

„Vor Allem ersuche ich Sie recht herzlich, die nachfolgenden Zeilen als Erguss eines freundschaftlich teilnehmenden und besorgten Herzens anzusehen und zu würdigen.

Aus sicherer Quelle habe ich erfahren, dass eine abermalige Untersuchung wegen angeschuldeten Aftermystizismus, nächtlicher Conventikel, die die Hausordnung stören und unkirchlich sind, Ihnen nächstens bevorstehen soll, deren Resultat für Sie ein sehr nachteiliges, die katholische Kirche betrübendes sein könnte. Ich kann über den Grund oder Ungrund dieser Anschuldigungen nicht urteilen, da ich vom Ganzen gar nicht unterrichtet bin. Aber wenn auch Neid, beleidigter Stolz etc. die Triebfedern dieser Anschuldigungen waren, so dürfen, so können Sie offenen Skandal nicht wollen — in einer Zeit, wo ohnehin tausend Federn und abermal tausend Zungen beschäftigt sind, die katholische Kirche um ihr Ansehen, ihre Priester um alle Wirksamkeit zu bringen. — Um Gottes willen keine Trennung, sondern aufrichtiges Festhalten an der Wahrheit und Form unserer kirchlichen Einrichtungen! —

Sie haben Gutes — erstaunlich viel Gutes in Ihrer armen Pfarrgemeinde gewirkt und vorsätzlich in Ihrer Amtsführung gewiss nie gefehlt. Aber Sie befürchten, dass diese Wirksamkeit größtenteils verloren gehen wird, sobald eine abermalige Untersuchung gegen Sie eingeleitet und Zeugen verhört werden. Beunruhigung der Gemüter, Zwiespalt in der Gemeinde und Ärgernis sind die zuverlässigen Folgen.

Demütigen Sie sich um des Herrn und der guten Sache willen, und wählen Sie einen Ausweg, wodurch das Ganze niedergeschlagen und mit Stillschweigen und Vergessenheit gedeckt wird. Halten Sie entweder bestimmt oder unbestimmt um Versetzung auf eine andere Pfarrei an. Dass Ihrem Wunsche entsprochen werde, ist um so wahrscheinlicher, da die Regierung Ihre Verdienste bereits ehrend anerkannt hat und auf Ihre Beförderung um so bereitwilliger Bedacht nehmen wird.

Erfüllen Sie ja doch recht bald meinen Wunsch — meine Bitte. Gerade dadurch zeigen Sie ächten priesterlichen Sinn, wenn Sie lieber Unrecht christlich erdulden, als Ärgernis in einer Christengemeinde — und sollte es auch nur bei Wenigen sein — herbeiführen wollen. —

Der Herr lenke Alles zu Ihrem Besten!
Von ganzem Herzen
M. den 6. August 1831.

Ihr redlicher Freund.“

Dies liebevolle Schreiben rührte und erfreute Lutz, aber den darin enthaltenen Rat, sich auf einen andern Posten zu melden, sah er sich außer Stande zu befolgen. Wie innig war er doch mit seiner Gemeinde verbunden! Alle Fibern seines Herzens hingen an ihr und mit demselben Bande der Liebe sah er die Herzen der Gemeinde an sich gekettet.

Wo würde er eine zweite Gemeinde finden, die ihm ebenso im Geiste verbunden wäre?! Es war die Liebe, es war die Einheit des Geistes und es war die Hoffnung, in dieser Gemeinde dereinst seine kirchlichen Ideale verwiklicht zu sehen, welche ihn mit unauflöslichen Banden an Karlshuld zu fesseln schienen.

Aber auch noch andere Gründe schienen ihm für die Nichtbefolgung des empfangenen Rates zu sprechen. Er dachte: Bin ich hier nicht katholisch, so bin ich es auch anderswo nicht; bin ich es aber anderswo, warum hier nicht? Ferner fürchtete er, wenn er sich weg melden würde, als ein Mietling zu erscheinen, der die Schafe verlässt und sticht, wenn er den Wolf kommen sieht, und dadurch seiner Gemeinde ein schlechtes Beispiel zu geben. Auch fand er, dass er dann vor seinen Gegnern verdächtig da stünde und zu befürchten sei, dass diese den Verdacht benützen würden, um in seiner Gemeinde Schaden anzurichten. Daher entschloss er sich zu bleiben und in Geduld abzuwarten, was der Herr über ihn und seine Gemeinde beschlossen habe.

Einige Tage darauf (10. August) kamen mehrere Männer zu ihm und ersuchten ihn im Namen der Andern, er möge im Namen der Gemeinde an das bischöfliche Ordinariat das Gesuch richten:

1. dass der Gemeinde der Gebrauch der heiligen Schrift zu ihrer Belehrung und Erbauung amtlich erlaubt werde;

2. dass die Gemeinde das heilige Abendmahl, der Einsetzung des Herrn und dem Gebrauche der alten Kirche gemäß, unter beiden Gestalten genießen dürfe;

3. dass beim Gottesdienste die deutsche Sprache eingeführt werden dürfe;

4. dass einige bloß den Aberglauben befördernde Zeremonien und Gebräuche weggelassen werden dürften.

Lutz machte ihnen begreiflich, dass ein solches Gesuch vergeblich sei, da in der römischen Kirche solche Änderungen nicht zugelassen würden; er freute sich aber ihres Glaubens und ihrer Entschiedenheit. Es scheint, dass sich Lutz damals mit dem Gedanken vertraut zu machen anfing, dass er durch den Widerstand der römischen Kirche gegen das, was er als evangelische Wahrheit und als Forderung des Glaubens erkannte oder zu erkennen glaubte, dazu gedrängt werden könnte, aus der römischen Kirche aus zuscheiden. Am 12. August schrieb er nämlich folgende Betrachtung über Huß in sein Tagebuch:

„Ich las dieser Tage die Geschichte des Lebens, Leidens und Todes des frommen, gotterleuchteten Huß. — Welch eine glühende, allaufopfernde Liebe zu dem Heilande Jesus Christus und zu Seinen Erlösten hatte dieser Mann Gottes! und wie schrecklich hat man's ihm gemacht. Und doch, sein Glaube wankte nicht; er blieb dem Herrn treu bis zum letzten Atemzuge und genießt nun ewig Seine Herrlichkeit. —

Möge des Herr auch mir solche Treue geben! Welch tiefen Blick in den Ratschluss Gottes in Christo zu unserer Seligkeit hatte dieser heilige Mann! Mit welcher Klarheit, Einfalt und Salbung muss er denselben in seinen Vortragen dem armen Volke dargestellt haben! Viele fassten ihn, Viele auch nicht. Viele missbrauchten die durch ihn erhaltene evangelische Freiheit zur Freiheit fürs Fleisch und wurden so dem Evangelio zur Schmach, bis endlich der Herr Selbst ins Mittel trat und Sich aus diesem gemischten Haufen eine Gemeinde sammelte, die Er zum Segen für Tausende und Taufende gesetzt hat; die auch jetzt noch dies ihr anvertraute Kleinod treu bewahrt und durch das Wort vom Kreuz in der Kraft Seines Geistes Tausenden und Tausenden zum Heile ist. -

Dem Herrn sei Dank, auch in meiner Gemeinde hat Er sich eine Anzahl Seelen gesammelt, die Ihn aus Erfahrung kennen und lieben und mit Seiner Gnade gewiss lieber Blut und Leben als Ihn ließen."

Sonntag, den 14. August, kamen des Abends gegen 80 Männer aus der Pfarrei zu ihm und unterredeten sich mit ihm, was zu tun sei, da die Gegner immer entschiedener behaupteten, es werde gar keine Untersuchung von Seiten des bischöflichen Ordinariates stattfinden, sondern Lutz werde ohne Weiteres versetzt werden. Lutz wollte letzteres nicht glauben, meinte aber, wenn es dennoch geschehe, so wisse er, woran er sei, und sie sollten dann tun, wie sie glaubten, dass es vor Gott recht sei. Die Männer erwiderten, sie könnten die Wahrheit, die sie durch Gottes Gnade erkannt hätten, nicht verleugnen, und wenn man ihr Verbleiben in der römischen Kirche davon abhängig machen wolle, so wurden sie sich an das geschriebene Wort Gottes halten und aus der römischen Kirche austreten.

Sie einigten sich nun in folgenden 3 Punkten:

1. Wir bestehen darauf, dass die Sache genau untersucht und die ganze Gemeinde verhört werde, nicht bloß die Gegner;

2. Wenn man uns erlaubt, dass wir die heilige Schrift frei lesen, das heilige Abendmahl unter beiden Gestalten empfangen, die deutsche Sprache beim Gottesdienste einführen und die bloß den Aberglauben befördernden Zeremonien weglassen dürfen, so bleiben wir in der katholischen Kirche;

3. Geschieht dies nicht, so treten wir aus der katholischen Kirche aus, schließen uns an die evangelische an unter der Bedingung, dass uns eine unsern religiösen Bedürfnissen angemessene Kirchenverfassung und Liturgie genehmigt werde, und suchen dann auf diese Art das Heil, das wir in Christo Jesu gefunden haben, uns und unsern Nachkommen möglichst zu sichern."

Tags darauf schrieb Lutz in sein Tagebuch: „Herr, mein Gott, vor Deinem heiligen Angesichte bin ich und blicke empor zum Throne Deiner Gnade und Majestät. Du weißt, o Herr! was wir wollen.

Wir wollen ja nur Dich und Dein heiliges Wort, wollen nur unsere Seelen retten und sie selig machen in Deinem teuren Versöhnungsblute. Mache es mit uns, wie Du willst; nur rette und erhalte uns den Besitz und Genuss Deiner ewigen Gnade und Wahrheit."

Eine Beruhigung ward Lutz in seiner damaligen Bedrängnis dadurch zu Teil, dass ein angesehener Geistlicher ihm sagen ließ, er sei in Augsburg gewesen und habe daselbst erklärt, wenn in der Sache des Priesters Lutz eine Untersuchung vorgenommen werde, so möge man doch nicht nur seine Feinde, sondern auch seine Freunde hören und Generalvikar Kiechle habe diese Worte sehr gut aufgenommen und versprochen, es zu berücksichtigen.

12. Trennung von Karlshuld

Im September (1831) machte Lutz, der sich sehr erschöpft fühlte, eine Erholungsreise, von der er am 8. Oktober zurückkehrte. Kaum war er wieder zu Hause, so ward er durch das bestimmt auftretende Gerücht beunruhigt, er werde ohne vorherige Untersuchung an die Tiroler Grenze versetzt.

Immer näher trat ihm nun der Gedanke, dass er sich mit seiner Gemeinde in der römischen Kirche nicht mehr werde halten können; der römisch gesinnte Klerus werde sie nicht mehr dulden. Nun kommt aber, wie es scheint, in Folge der Eindrücke, die er auf seiner Reise empfangen hatte, eine neue Besorgnis bei ihm hinzu. „Wir werden," schreibt er in sein Tagebuch am 10. Oktober, „auch ausgetreten, manch harten Kampf zu bestehen haben, wenn wir uns in der evangelischen Freiheit behaupten und so uns den Segen des Evangeliums auch für die Zukunft sichern wollen. Hr. Pfarrer .... hat sich schon in mancher Hinsicht gegen uns erklärt und es ist zu besorgen, dass wir zwischen zwei Feuer kommen. — Doch der Herr lebt! Darum fürchte dich nicht, mein Herz, glaube nur!"

In jenen Tagen schrieb er auch in sein Tagebuch: „Ach Gott! Wenn die geistlichen Herren wüssten, welch ein festes, heiliges Band die Liebe Christi, des Gekreuzigten, um Seelsorger und Gemeinde schlingt, sie könnten nicht so herzlos handeln. Ich ließe doch lieber mein Leben, als meine Gemeinde!" —

Am 13. Oktober war er in Neuburg und hörte hier, dass er wirklich an die Tiroler Grenze versetzt werde. „Die Trennung von meinen Leuten," schreibt er nun, „ist also gewiss. Mein Gemüt ist ruhig und klar. Der Herr wird Seine Sache nicht stecken lassen." Am 15. Oktober, dem Vorabend vor dem Kirchweihfeste, erhielt er das Versetzungsdekret. Es lautete:

Im Namen Seiner Majestät des Königs von Bayern.

„Mittelst allerhöchsten Rescriptes vom 1. ds. haben Sich Seine Königliche Majestät allergnädigst bewogen gefunden, dem Pfarrvikar Priester Georg Lutz in Karlshuld, Landgerichts Neuburg an d. D., in lohnender Anerkennung derjenigen Verdienste, welche sich derselbe um die Kolonisten auf dem Donaumoose seit mehreren Jahren erworben hat, die durch die Versetzung des Priesters Harte nach Hohenfurch erledigte Pfarrei Bayersoyen, Landgerichts Schongau, zu übertragen. — Derselbe hat sich sonach an das erzbischöfliche Ordinariat München um Verleihung der geistlichen Investitur zu wenden und sodann unter Vorlage der hierüber empfangenen Urkunde die landesherrliche Posseßgebung beim Landgerichte Schongau nachzusuchen, welch' letzterem unter Heutigem der Posseßbefehl zugeschlossen wurde."

München, am 7. Oktober 1831.
Königliche Regierung des Isarkreises:
G. Seinsheim.   48

Dies Dekret enthält offenbar nichts weniger als eine Bestrafung, vielmehr eine Belobung, eine Belohnung und Beförderung Lutzen's, wenigstens von Seiten der Regierung, was auch daraus hervorgeht, dass sein Gehalt, der in Karlshuld monatlich 40 Gulden betrug, in Bayersoyen jährlich auf 1200—1500 Gulden sich belaufen hätte. Für derartige Gesichtspunkte aber hatte Lutz keinen Sinn. Die Entfernung von Karlshuld war für ihn gleichsam ein Todesstoß, von welchem es keine Erholung mehr gab.

Als das Dekret ankam, waren eben einige Männer aus der Gemeinde bei ihm. Er machte denselben davon Mitteilung und am folgenden Abend wusste es schon die ganze Pfarrei. Die Widersacher brachen nun in Jubel aus und erklärten, drei Tage nach einander Tanzmusik zu halten, weil sie jetzt den Bußprediger losgeworden seien. Diesen Vorsatz führten sie auch aus; die Gutgesinnten aber trauerten und berieten, was zu tun sei.

Nach Beendigung des Nachmittagsgottesdienstes am Kirchweihsonntag kamen ungefähr 40 Männer zu Lutz und erklärten, die Gemeinde sei entschlossen, sich unmittelbar an Seine Majestät den König zu wenden, mit der Bitte, die ganze Sache zu untersuchen, Lutz von der Übernahme der Pfarrei Bayersoyen zu entbinden und auch seiner in Karlshuld zu belassen; nur wünsche sie zu wissen, ob er, Lutz, nichts dagegen habe. Als Lutz dies verneinte, fuhren sie fort: „Wir können es nicht dulden, dass um einiger grundverdorbener Gemeindeglieder willen, die allgemein als solche bekannt sind, die ganze Gemeinde in Gefahr kommt, ins Verderben zurück zu sinken. Das Traurigste aber ist, dass ihnen Geistliche helfen, so dass nun die armen Leute meinen, sie seien die wahren Katholiken. Wenn man uns aber nicht hört und die Sache nicht untersucht, so treten wir aus der katholischen Kirche aus. Wir können nicht uns und unsere Kinder der Gefahr aussetzen, in das alte Verderben zurück zufallen." Zuletzt baten sie ihn, dieselbe Bitte, wie sie, an Seine Majestät den König zu stellen, was er auch zusagte.

Am 19. Oktober sandte Lutz sein Gesuch an den König ab, benachrichtigte gleichzeitig hiervon das bischöfliche Ordinariat und bat, dasselbe möchte so lange keinen andern Vikar nach Karlshuld senden, bis eine diesfallsige allerhöchste Entschließung erfolgt sei, indem er bis dahin die Pfarrei Karlshuld pastorire. Mit letzterer Erklärung ging Lutz offenbar zu weit und durfte das bischöfliche Ordinariat sich dies nicht bieten lassen. Es ist daher nicht zu verwundern, wenn er von letzterem sofort folgendes Rescript erhielt:

Augsburg, den 23. Oktober 1831.
Das bischöfliche Ordinariat Augsburg. Dem auf die Pfarrei Bayersoyen, Erzbistums München-Freising, präs. Herrn Pfarrer Joh. Georg Lutz in Karlshuld wird auf seine Eingabe vom 19. Oktober h. J. anmit erwidert, man könne nunmehr auf seine gestellte Bitte um einstweilige Belassung auf seinem seitherigen Posten keine Rücksicht mehr nehmen und demselben nur bedeuten, dass, wenn er die ihm verliehene Pfarrei nicht zu beziehen Lust hätte, nach Ankunft des für Karlshuld ernannten Vikars, für ihn alle Jurisdiktion für seine dermalige Seelsorgestation erloschen sei.
L. Kiechle, Generalvikar.   J. Payr, G.-V.-Sekretär.

Diesem Schreiben folgte Tags darauf das weitere:

Augsburg, den 24. Oktober 1831.
Das bischöfliche Ordinariat Augsburg.
Das bischöfliche Dechanat (Neuburg a. d. D.) hat dem ernannten Herrn Pfarrer Lutz in Karlshuld per Expressum zu eröffnen, der für Karlshuld aufgestellte Vikar werde am 29. d. M. an Ort und Stelle eintreffen; er habe daher zu sorgen, dass diesem das Pfarrhaus zur Wohnung eingeräumt werde. Die geschehene Insinuation ist von dem Herrn Pfarrer Lutz zu bescheinigen und von dem Dechanate anher zu übermachen.
L. Kiechle, Generalvikar.   J. Payr, G.-V.Sekretär.

Nun erst erkannte Lutz, dass seine Entfernung von Karlshuld unwiderruflich war und diese Erkenntnis erschütterte ihn so sehr, dass er die bisher bewahrte Fassung und den klaren Blick in die Sachlage für den Augenblick verlor. Er sprach nun von der Anordnung seiner Versetzung als von einer Suspension und beklagte sich, dass seine Versetzung zur Strafe ohne alle Untersuchung erfolgt sei. Er meinte, hiermit vor dem Bistum Augsburg und dem Erzbistum München-Freising als derjenige gebrandmarkt zu sein, für welchen ihn seine Gegner erklärt hatten, nämlich als Irrlehrer, Verführer und Betrüger, und fürchtete, dass dadurch die Sache des Herrn verlästert werde.

Im Gegensatze zu diesen Übertreibungen, die übrigens seinem aufs Äußerste bedrückten Herzen zu gute gehalten werden können, muss der Unbefangene sich über die Schonung wundern, mit welcher das bischöfliche Ordinariat Lutz gegenüber auftrat. Obwohl er der Hinneigung zur Separation in der Tat mehr als verdächtig war (hatte er doch schon in dieser Richtung bestimmte Vereinbarungen mit der Gemeinde getroffen, so dass eine genaue Untersuchung von Seiten des bischöflichen Ordinariats, worauf sowohl er als auch die Gemeinde seltsamerweise immer dringen, offenbar ein beiden höchst ungünstiges Resultat gehabt haben würde), so enthalten doch die Erlasse des Ordinariats eine Zurückweisung seines unstatthaften Auftretens in ganz milder Form. Die königliche Regierung ihrerseits war gegen den kürzlich dekorierten Lutz sichtlich auch sehr günstig gestimmt. Lutzens Entfernung außerhalb der Diözese nach Bayers- oyen mochte in der Tat als das beste Mittel erscheinen, ihn vor Verunglimpfung und die Gemeinde Karlshuld vor Fortschritten in der Richtung der Separation zu bewahren und so die vorhandenen Schwierigkeiten zu beseitigen.

Nicht nur die Liebe zur Karlshulder Gemeinde war es indes, welche Lutz bestimmte, den Ruf nach Bayersoyen abzulehnen, sondern tiefgreifende religiöse Bedenken allgemeiner Natur. Er schrieb damals: Römisch-katholisch im Sinne meiner Gegner bin ich weder in meinem Glauben, noch in meiner Lehre, noch in meinem Leben; will es nicht sein und hoffe es, mit Gottes Gnade, nie zu werden, indem ich fest überzeugt bin, dass auch nicht Petrus, der heilige Apostel, römisch-katholisch war. Nähme ich aber die Pfarrei Bayersoyen an, so müsste ich auf die römischen Grundsätze schwören; da ich nun aber durch Gottes Gnade überzeugt bin, dass diese Grundsätze nicht biblisch —

dem Worte Gottes nicht gemäß sind,so kann und darf ich sie mit gutem Gewissen nicht beschwören. Die restrictio mentalis aber halte ich für eine schwere Sünde; und eine Sünde sollte ich wissentlich begehen?"

In der Tat ein ernstes Bedenken; ein Bedenken, das uns zeigt, wie schwer es für Diener Gottes werden kann, sich in der Kirche, nachdem Menschensatzungen in sie eingedrungen sind, zu bewegen, ohne das Gewissen zu verletzen. Und wir begegnen diesen Bedenken nicht nur im römisch-katholischen, sondern auch im protestantischen Lager. Ein späterer Freund und Gesinnungsgenosse Lutzens, der nachmalige Marburger Professor Heinrich Thiersch, schrieb in seiner Selbstbiographie über seine Stellung in Erlangen zu Anfang der vierziger Jahre: „Indessen wurde meine Stellung in Erlangen schwierig. Die theologische Fakultät war bedenklich gegen uns Privatdozenten. Und wenn ich je zu einer theologischen Professur gelangen sollte, stand mir eine Verpflichtung von unerhörter Engherzigkeit bevor. Nach den alten Statuten müssen die dortigen Professoren eidlich erklären, dass sie den Synkretismus, den Pietismus, den Chiliasmus, auch den subtilen, von ganzer Seele verabscheuen. Nach meiner Überzeugung war aber der sogenannte Synkretismus, den Georg Calixtus vertrat, die gediegenste wissenschaftliche, der Pietismus Speners die edelste religiöse Frucht des Protestantismus, der Chiliasmus aber nichts anderes, als die Hoffnung der ersten Christen. In der Überzeugung, dass auch meine Lehrer, die Erlanger Professoren der Theologie, diese Verabscheuungsformel für ganz unhaltbar erkannten, machte ich eine Eingabe mit der Bitte um Revision dieses Paragraphs der Statuten auf gesetzlichem Wege, jedoch ohne Erfolg. — In dieser drückenden Lage erhielt ich einen Ruf als außerordentlicher Professor nach Marburg, wo keine ähnlichen, das Gewissen bedrängenden, die Forschung und den wahren Fortschritt hemmenden Verpflichtungen bestehen. Ich erkannte darin eine Befreiung und nahm mit Dank dieses Anerbieten an."

Für Lutz gab es keinen solchen Ausweg. Die römisch-katholische Kirche ist überall dieselbe und so entschloss er sich denn, wie er meinte, mit vollem Rechte, die Freiheit, nach dem Evangelium zu leben, außerhalb der römisch-katholischen Kirche zu suchen. Übrigens waren es die in der römischen Kirche herrschenden Missstände nicht allein, welche ihn zu diesem Schritte veranlassten. War nicht in den zu Karlshuld gesprochenen Worten der Weissagung ausdrücklich darauf hingewiesen worden, dass der Herr wieder Gemeinden geben werde, wie sie im Anfange waren? War nicht, so mochte Lutz denken, diese Absicht des Herrn auch sein und seiner Gemeinde Verlangen und Streben? Zwar waren die Karlshulder Gläubigen durch das Wort der Weissagung aufgefordert worden, stille zu sein und zu warten, bis der Herr die Sache hinaus führen werde. Aber nun hatte man schon mehrere Jahre gewartet und es war nichts geschehen, als dass ihre Stellung in der römischen Kirche schwieriger und jetzt ganz unhaltbar geworden war. Lag aber nicht eben darin ein erster Schritt, den die göttliche Vorsehung zur Hinausführung ihrer Absichten getan hatte, und lag nicht zugleich darin für ihn und seine Glaubensgenossen eine Aufforderung, ebenfalls voranzugehen und auf dem Wege einer Separation von der römischen Kirche der Verwirklichung ihrer Ideale nachzustreben? —

Lutz wusste, wenn er voranschreite, werde die Gemeinde ihm folgen. Doch wollte er der freien Entschließung letzterer nicht zu nahe treten. Als er ihr seinen Entschluss, aus der römischen Kirche aus zutreten, mitteilte, bemerkte er daher ausdrücklich, dass er es ihr ganz anheim stelle, was sie tun wolle; jedes Glied solle sich genau vor Gottes Auge prüfen und seiner Sache gewiss zu werden suchen und dann mit Entschiedenheit und Festigkeit handeln.

Am 26. Oktober 1831 hielt er den letzten öffentlichen Gottesdienst, eine Abendbetrachtung. Während er die Kanzel bestieg, sang die Gemeinde unter lautem Schluchzen und Weinen die Strophe:

> „Ich habe nun den Grund gefunden,
> Der meinen Anker ewig hält.
> Wo anders als in Jesu Wunden?
> Da lag er vor der Zeit der Welt —
> Der Grund, der unbeweglich steht,
> Wenn Erd' und Himmel untergeht."

Überwältigt von dem Gedanken, zum letzten Male an die in dem Hüttenkirchlein versammelte, teure Gemeinde zu reden, begann er:

„Heute, meine Lieben, stehe ich das letzte Mal auf eurer Kanzel. Ich weiß euch am Schlüsse meiner seelsorgerlichen Wirksamkeit unter euch nichts mehr zu sagen, als: „Haltet, was ihr habt, damit Niemand eure Krone raube!" — Was der heilige Apostel Paulus bei seinem Abschiede den Ältesten der Gemeinde Jesu Christi zu Ephesus sagte und ans Herz legte, das sage ich auch euch, das möchte" ich auch euch mit der Liebe eines scheidenden Freundes, Bruders und Seelsorgers ans Herz legen. Und nun verlas er Apostelgesch. 20, 18—38. Darauf schloss er mit folgenden Worten: „Ihr Lieben, Teuren! Bleibet treu der erkannten, evangelischen Wahrheit und der erfahrenen göttlichen Gnade! Bleibet beim Herrn und Seinem Worte und lasset euch von Ihm nicht wegbringen! Außer Ihm ist ja kein Heil, in Ihm aber habt ihr Vergebung der Sünden, Gerechtigkeit und ewiges Leben gefunden! Darum: — haltet fest, was ihr habt, damit Niemand eure Krone raube! Amen!"

Zum Schlusse sang die Gemeinde unter andauerndem Weinen:

> „Bei diesem Grunde will ich bleiben,
> So lange mich die Erde trägt.
> Das will ich denken, tun und treiben,
> So lange sich ein Glied bewegt.
> So sing' ich ewig hocherfreut:
> O Abgrund der Barmherzigkeit!"

Die Entschließung der Gemeinde ließ nicht lange auf sich warten. Gegen 30 Familienväter kamen sofort zu Lutz ins Pfarrhaus und erklärten im Namen von etwa zwei Dritteilen der Gemeinde ihren Entschluss, aus der römisch-katholischen Kirche aus zutreten. Ohne Zögern besprachen sie nun die Frage, wohin sie sich nach ihrem Austritte aus der römisch-katholischen Kirche wenden wollten, und einigten sich in folgenden Sätzen:

„Zwar wissen wir wohl und sind durch Gottes Gnade vollkommen überzeugt, dass an und für sich gar keine Kirche, sondern nur Jesus Christus selig macht, und dass Er mit Seinem Worte und Seinen heiligen Sakramenten völlig genügt. Sind ja auch wir nicht durch irgend eine Kirche, sondern durch Sein Wort und Sakrament zu Ihm gekommen! Um aber dem Separatismus und den mit ihm so häufig verbundenen Gefahren möglichst vorzubeugen, wünschten wir uns an die evangelische Kirche anzuschließen, jedoch unter der Bedingung, dass wir eine solche kirchliche Verfassung bekommen, wie sie der Eigentümlichkeit und den Bedürfnissen unserer Gemeinde angemessen ist.“

Die Auffassung, welche das Verhältnis Christi und Seiner Kirche in diesen Sätzen findet, ist offenbar nicht die richtige. Macht auch der Herr allein selig, so reicht Er doch Seine Gnade nur in der Kirche dar und ein eigenmächtiger Austritt aus derselben ist gewiss in keiner Weise zu rechtfertigen. Indes ist zu beachten, dass Lutz keine eigentliche Trennung von der Kirche wollte. Sein Streben ging lediglich dahin, die freie Ausübung der Religion in Anlehnung an eine der bestehenden Kirchenabteilungen zu erreichen.

Die Bedingung, an welche Lutz und seine Glaubensgenossen ihren Anschluss an die evangelische Kirche knüpften, begegnete nun in der Tat Schwierigkeiten. Es war bereits, wie es scheint, an maßgebender Stelle, mit Entschiedenheit erklärt worden, man habe nichts dagegen, wenn die Gemeinde Karlshuld mit ihrem Geistlichen zur evangelischen Kirche übergehe; dass sie aber eine eigene Liturgie und eine eigene kirchliche Verfassung bekomme, werde man nie zugeben, sondern mit aller Entschiedenheit bekämpfen.Solche Äußerungen bereiteten Lutz und der Gemeinde großen Kummer, sie hofften indes, der Herr werde ihnen den Besitz Seiner Gnade und Wahrheit gegen die Widersacher zur Rechten und zur Linken auch für die Zukunft zu sichern wissen. In Betreff ihrer Lage und ihrer Wünsche setzten sie nun folgende Punkte fest:

1. Gottes ewiges Wort, so wie es in den heiligen Schriften des Alten und Neuen Testamentes enthalten ist, ist und bleibt die Regel und die Richtschnur unseres Glaubens und Lebens, unserer kirchlichen Ordnungen und Disziplin. In diesem Worte redet Gott selbst mit uns und es enthält deshalb nur Wahrheit, untrügliche Wahrheit

2. Da wir überzeugt sind, dass die symbolischen Bücher der evangelischen Kirche mit der Lehre der heiligen Schrift übereinstimmen: so bekennen wir uns auch zu diesen und schließen uns somit an die evangelische Kirche an.

3. In Beziehung auf kirchliche Ordnungen und Disziplin wünschen wir Folgendes:

a) Wir wünschen eine eigene, der heiligen Schrift und der Sitte der ersten, apostolischen Kirche möglichst gleichkommende Liturgie.

b) Der öftere Genuss des heiligen Abendmahls, die täglichen Erklärungen der heiligen Schrift, die Abendbetrachtungen über das Leiden und den Tod Jesu und die bisherigen Beichtordnungen waren nebst der Predigt und der Katechisation die Mittel, derer sich der Herr bediente, um uns zur evangelischen Gnade und Erkenntnis zu bringen und sie sollen deshalb auch künftig unter uns fortbestehen.

c) Wir sind überzeugt, dass die Presbyterial-Verfassung der Eigentümlichkeit und den Bedürfnissen unserer Gemeinde am angemessensten ist, sowie sie auch im apostolischen Zeitalter gegründet ist und werden sie deshalb unter uns einführen.

d) Wir werden auch eine dem Worte Gottes und den Bedürfnissen der Gemeinde möglichst entsprechende Kirchenzucht unter uns einführen, indem wir uns aus der heiligen Schrift, aus dem Gebrauche der apostolischen Kirche und aus eigener Erfahrung überzeugt haben, dass eine solche Kirchenzucht zur Erhaltung, Förderung und Fortpflanzung des religiösen Lebens einer Gemeinde äußerst heilsam und nützlich sei.

4. Unter der Bedingung, dass uns diese Gegenstände genehmigt werden, treten wir förmlich zur evangelischen Kirche über. Sollten sie uns aber, wie Jemand bestimmt versichert, nicht genehmigt werden, so bleiben wir frei stehen und konstituieren eine freie, evangelische Kirchengesellschaft, indem wir unser Gewissen nicht fesseln lassen und des Segens des Evangeliums, dessen wir aus Gnaden teilhaftig wurden, verlustig werden können. Wir trauen es unserm Heilande Jesus Christus, dem einzig wahren überhaupt und Bischof Seiner Kirche zu, dass Er Sich dann Selbst um uns annehmen werde.

5. Wir haben, des ist Gott Zeuge, bei all dem keine andere als die redliche Absicht, Alles zu tun und Alles zu opfern, um uns und unsern Nachkommen das Heil, so wir durch Gottes Gnade in Christo Jesu gefunden haben, soviel Solches von uns abhängt, zu sichern. Wir möchten mit Paulus sagen: „Ich achte Alles für Schaden gegen die überschwängliche Erkenntnis Christi Jesu, meines Herrn, um Welches willen ich Alles habe für Schaden gerechnet und achte es für Kot, auf dass ich Christum gewinne und in Ihm erfunden werde. Phil. Z, 8—9.

6. Diesem unserm jetzigen Entschlusse wollen wir mit Gottes heiligem Gnadenbeistande treu sein, wenn es uns auch Hab und Gut kosten sollte, und wollen wohl bedenken, dass es besser sei, Alles verlieren und Christum gewinnen, als Alles gewinnen und Christum verlieren."

Wie entschieden und mannhaft ist dies Bekenntnis zur Wahrheit und wie rührend das Gottvertrauen, das sich darin ausspricht! Ob Lutz damals Gewissensbedenken hinsichtlich der Trennung von der Mutterkirche hegte, wissen wir nicht; wenn er welche hatte, traten sie jedenfalls bald wieder zurück.

Er lebte damals der innigsten Überzeugung, sich auf dem rechten Wege zu befinden und zwar bis zu dem Zeitpunkte an welchem wir in der Erzählung jetzt angekommen sind. Nun beginnt er Schritte zu tun, die er bald selbst als Abweichungen vom geraden Wege erkennt. Am Abend des 27. Oktober, nachdem schon den ganzen Tag eingepackt und das Mobiliar fortgeführt worden, damit der neue Vikar am 29. Oktober in das Pfarrhaus einziehen könne, erhielt er von einem Freunde, dem er seinen Entschluss, der Weisung des bischöflichen Ordinariates Folge zu leisten und seine bisherige Stellung aufzugeben, mitgeteilt hatte, ein Schreiben, worin derselbe mit großem Nachdruck in ihn drang, dem bischöflichen Ordinariat Widerstand zu bieten, mit Berufung auf seine königliche Anstellung in seiner bisherigen Stellung zu verbleiben und es auf eine allerhöchste Entscheidung ankommen zu lassen. Dieses Schreiben passte nicht in Lutzens Ideengang und nicht in seine Führung. Da es ihm aber eine neue Aussicht auf Erfüllung seines Wunsches, in Karlshuld zu bleiben, eröffnete, so glaubte er den Rat befolgen zu sollen. Noch in der Nacht des 27. Oktober schickte er einen Boten mit einem Schreiben an das bischöfliche Ordinariat, worin er gegen das Verfahren desselben protestierte und wieder mit aller Entschiedenheit auf eine Untersuchung drang. Zugleich schrieb er an den neu ernannten Pfarrvikar, einen Herrn Baur, dass er sich an Seine Majestät den König sowohl, als auch an das bischöfliche Ordinariat gewandt habe, weshalb er sich genötigt sehe, gegen ihn als Vikar von Karlshuld zu protestieren, und ihn ersuche, die Entschließungen der Behörden abwarten zu wollen. Der nämliche Bote brachte aber folgende Antwort von dem bischöflichen Ordinariat zurück:

Augsburg, den 28. Oktober 1831.
Das bischöfliche Ordinariat Augsburg.

Auf die Vorstellung des präsentierten Herrn Pfarrers Georg Lutz vom 27. d. M. wird erwidert:

Da der präsentierte Herr Pfarrer Georg Lutz unterm 26. Juli 1826 von dem bischöflichen Ordinariat als Vikar in Karlshuld aufgestellt wurde, so ist derselbe ad nutum der bischöflichen Stelle amovibel.

Diesem zufolge müssen wir bei den an denselben unterm 23. und 24. ds. M. ergangenen Weisungen bestehen und bemerken, dass von einer förmlich angedrohten Suspension nie eine Rede war, wohl aber von der Erklärung, dass seine Jurisdiktion nach Ankunft des neuen Vikars für Karlshuld aufgehört habe, d. h. außer dem Messelesen sei ihm alle und jede Funktion in Karlshuld untersagt.

L. Kiechle, Generalvikar.
J. Payr, G.-V.-Sekretär.

Der neue ernannte Vikar bekam vom bischöflichen Ordinariat die Weisung, den ihm anvertrauten Posten zu behaupten und daselbst zu pastoriren, im Falle auch Priester Lutz dagegen Remonstrationen erheben sollte, da jede Ausübung der Jurisdiktion demselben wiederholt untersagt sei.

Lutz ward gleichfalls von Jemanden aufgefordert, seinen Posten zu behaupten und gegen diese Ordinariatsbefehle zu protestieren. Er tat es, indem er wiederholt mit aller Entschiedenheit auf eine Untersuchung drang.

Statt einer Antwort kam aber nun von der kgl. Regierung auf Veranlassung des bischöflichen Ordinariats Augsburg an das kgl. Landgericht Neuburg a./D. die Weisung, den vormaligen Pfarrvikar Lutz, der zögere, den durch das bischöfliche Ordinariat Augsburg getroffenen Anordnungen Folge zu leisten, und zwar hauptsächlich aus dem ganz irrigen Grunde, weil er als Königlicher Vikar ernannt sei, während die Aufstellung der Pfarr-Vikare einzig und allein in die Kompetenz der geistlichen Stelle einschlage, über seine irrigen Ansichten zu belehren und sofort den Anordnungen des bischöflichen Ordinariats im Wege der Güte oder, wenn solches nichts fruchten sollte, mit den geeigneten Zwangsmitteln Eingang zu verschaffen.

Lutz, der immer noch gehofft hatte, man werde, ehe man etwas gegen ihn tue, die allerhöchste Entschließung auf seine Eingabe abwarten, wurde durch diese Anordnung der Regierung, die ihm am 2. November in der landgerichtlichen Kanzlei zu Neuburg eröffnet wurde, nicht wenig bestürzt. Noch aber dachte er dem Verhängnis entgehen zu können und ersuchte den Landrichter, mit der Exekution zu warten, bis er die kgl. Regierung von der eigentlichen Lage der Sache unterrichtet haben würde. Natürlich konnte sich das kgl. Landgericht darauf nicht einlassen und so blieb Lutz nichts übrig als sich zu fügen. Er erklärte zu Protokoll, dass er zwar der Gewalt weiche, aber wegen der aus dieser gewaltsamen Verfügung notwendig sich ergebenden Infamierung seiner Person den Rechtsweg beschreiten werde.

Als er spät Abends von Neuburg heim fuhr, überkam ihn Unzufriedenheit mit sich selbst. Es schmerzte ihn tief, den klaren Weg, den er und seine Freunde acht Tage zuvor sich vorgezeichnet hatten, verlassen und in ein Labyrinth kirchen- und staatsrechtlicher Fragen sich verloren zu haben. Er erkannte deutlich das Unchristliche seines Vorgehens und beschloss, mit des Herrn Gnade auf den vorigen Weg um zu lenken. Besonders schmerzte ihn die Unehrerbietigkeit, womit er in den letzten Schreiben, den Ton des erwähnten Briefes seines Freundes nachahmend, an das bischöfliche Ordinariat sich gewandt hatte, und nahm sich vor, hierfür Abbitte zu tun. In Ausführung dieses Vorsatzes bezeichnete er in den „historischen Notizen" ausdrücklich den Ton jener Briefe als unchristlich und bat den Bischof von Augsburg um Verzeihung.

Nach der Heimkunft an jenem Abend teilte er den Seinen den Beschluss der kgl. Regierung mit, die ebenfalls dadurch tief erschüttert wurden.

Folgenden Tages, 4. November, sollte nun der Wegzug stattfinden. Da Lutz der Gedanke einer dauernden Trennung ferne lag, so ließ er, um Aufsehen zu vermeiden, bekannt machen, es möge Niemand ins Pfarrhaus kommen, um sich von ihm zu verabschieden. Er hielt auch nicht in Karlshuld, sondern in der Kapelle zu Obermaxfeld Gottesdienst.

Sein Mobiliar wurde zu Verwandten, die in Untermaxfeld wohnten, geführt. Den Abend verbrachte er noch mit drei seiner nächststehenden Freunde. Nach 10 Uhr schrieb er in sein Tagebuch:

„Das soll nun die letzte Nacht sein, die ich in Karlshuld zubringen darf?! — Ich habe hier Freuden genossen und Leiden erduldet, wie sonst nirgends. Beide bleiben mir unvergesslich. — Bin ich durch beide weiser, frömmer, Welt- und Sündefreier, Christo ähnlicher und darum auch seliger geworden? — Ach Herr! Ich richte mich selbst nicht; Du kennest mich und weißt, wie ich's meine und wie ich bin; auf Dich werfe ich mich. Ich hätte viel offener, einfacher, gerader, entschiedener und fester auf Deine Seite treten, Dein Wort mit mehr Liebe, Klarheit und Kraft predigen und überhaupt christlicher in der Gemeinde wandeln und wirken können und sollen, und ließ mich von Satan, Welt und Fleisch gar oft einschüchtern und im Leben des Glaubens schwächen. Ich bitte Dir all dies ab, o Herr! Und rufe Dich an, auf dass Du es mir vergebest! Lass Alles, Alles getilgt sein, was ich gegen Dich und Deine Erlösten gesündigt habe, so lange ich in Karlshuld war. Sieh', hier bin ich, wie ich bin! Du bist mein Trost, meine Zuversicht und mein einziges Heil! Dich Hab' ich und das genügt mir.

Ich danke Dir aus vollem Herzen für den reichen Segen, den Du mich in Karlshuld in Deinem Worte und Deinen Heilsanstalten erfahren ließest! Für die vielen und seligen Freuden, die Du mir zu genießen gabst und für die mancherlei Leiden, durch welche Du mich zu prüfen und zu läutern suchtest! Diese fünf Jahre sind die gesegnetsten meines bisherigen Lebens. Dank, heißer Dank sei Dir dafür! Amen."

Nachdem er nun noch 1 Kor. Z, 10—13 („das Feuer wird es erproben, wie das Werk eines Jeden," Vers 13) angeführt hatte, fährt er fort: „Auf diese Feuerprobe lasse ich es ankommen. Was an dem ganzen Werke von mir ist, das soll weggeschmolzen werden; nur was vom Herrn ist, soll und wird aber auch bleiben!" —

Am 5. November Morgens halb 6 Uhr reiste er von Karlshuld ab, München zu, wo er Abends 9 Uhr ankam. Hier schrieb er noch in sein Tagebuch: „Der Herr leite und regiere nun meine Schritte zur Ehre Seines Namens und zum Heile meiner Seele und meiner Gemeinde! — Ich wünsche es nun vor der Hand dahin zu bringen, dass die Sache von der königl. Regierung möchte untersucht werden, indem die Gegner unter Anderm gegen mich auch eingegeben haben sollen, dass meine Wirksamkeit auf dem Donau-moos schwärmerisch und staatsgefährlich sei. Ich sehe diesfalls der strengsten Untersu-chung getrost entgegen, indem ich weiß, dass sie nur zu meinen Gunsten ausfallen kann, wenn man nur auch mich hört."

Bei seinem Scheiden von Karlshuld richtete er noch ein Abschiedswort an die Gemein-de, das er unter dem Titel: „Worte der Ermahnung, der Bitte und des Trostes an meine ehemaligen Pfarrkinder auf dem Donaumoos" drucken und den Gemeindegliedern einhändigen ließ.

Der Eingang dieses Schriftchens lautet: „Geliebte! Es ist nun der heilige, unerforschliche Wille Gottes, unseres Heilandes, dass das Verhältnis, in welchem wir seit mehr als fünf Jahren zu einander standen, aufhöre. Mein ganzes Herz bewegt sich in tiefem Schmerz, wenn ich diesen Gedanken denke; denn weder ihr noch ich dachten je an eine solche Trennung; ich hatte mich vielmehr entschlossen, mit euch Leid und Freud, Armut und Not, Spott und Hohn zu teilen, den Weg des Lebens im Glauben an unsern Heiland Jesus Christus Hand in Hand mit euch zu wandeln und so lange in eurer Mitte zu bleiben, bis mich der Herr ins stille Land der Ewigkeit, ins Reich Seiner Herrlichkeit heimgeholt hätte. — Doch wir sind nur äußerlich und nur auf wenige kurze Tage getrennt. Wir sind ja Glieder Eines Leibes, dessen Haupt Christus ist, und in diesem sind wir Eins hienieden schon, sind untrennbar beisammen und werden es jenseits ewig und zwar sichtbar sein." — In der Folge bringt er der Gemeinde den Inhalt seiner Predigt in Erinnerung und ermahnt sie, der erkannten Wahrheit treu zu bleiben und auf Gottes Wegen zu wandeln.

Bisher sind wir in der Erzählung des Lutz'schen Lebensganges hauptsächlich der zusammenhängenden Darstellung desselben in den „historischen Notizen" gefolgt. Hier endigen diese und wir sind von nun an darauf angewiesen, teils zerstreuten schriftlichen Notizen, teils mündlicher Überlieferung zu folgen.

IV. BESTREBUNGEN, EINE APOSTOLISCHE GEMEINDE ZU BILDEN

Aus den oben angeführten Worten Lutzens sehen wir, welch große Erwartungen er auf seine persönliche Vernehmung von Seiten der kgl. Regierung setzte. Lutz war dekoriert und bei der Regierung wohl angeschrieben. Wenn er aber erwartete, die Regierung werde sein Verbleiben in Karlshuld verfügen, so mutete er derselben etwas zu, was wohl außerhalb ihrer Befugnisse lag. Wahrscheinlich war es während seines damaligen Aufenthaltes in München, dass er eine Audienz bei König Ludwig I. hatte. Letzterer begegnete ihm sehr gnädig, bedeutete ihm aber, dass er ihn unmöglich zu Karlshuld lassen könne, er bekomme sonst alle seine Bischöfe wider sich und er, der König, müsse sich auch in die Ordnung fügen. Er nannte ihm zwei Pfarreien, eine römisch-katholische (Bayersoyen?) und eine protestantische (Wassertrüdingen soll es gewesen sein) und sagte ihm, er dürfe eine von diesen beiden wählen. Welche er wähle, auf die soll er kommen.

Wir haben bereits gesehen, dass ein solches Anerbieten keineswegs den Wünschen Lutzens entsprach, dass er Gewissens halber weder eine römisch-katholische noch eine protestantische Pfarrei glaubte annehmen zu können, vielmehr sich gebunden fühlte, seinen besondern Weg zu gehen, auf welchem ihm nur seine bisherige Gemeinde Karlshuld zu folgen im Stande war. In Karlshuld zu bleiben und daselbst Freiheit zum Handeln zu haben, war sein einziger Wunsch und dieser wurde ihm rundweg abgeschlagen.

Er zog sich nun zunächst nach Untermaxfeld zurück und arbeitete daselbst eine Schrift aus, welche als Bekenntnis der christlichen Wahrheit, wie solche in der Pfarrei Karlshuld auf dem Donaumoose erkannt und geglaubt wird, von dem größeren Teil der Gemeinde Karlshuld dem Staatsministerium mit der Bitte vorgelegt wurde, nach den darin enthaltenen Bestimmungen eine eigene Gemeinde bilden zu dürfen.

Der Inhalt dieser Schrift, der hier im Auszuge folgt, ging über den eines Glaubensbekenntnisses wesentlich hinaus. Mit dem Bekenntnis der christlichen Wahrheit befasste sich nur der erste Abschnitt derselben. In einem zweiten Abschnitt folgten Bestimmungen in Betreff des Kirchen- und Schulwesens und in einem dritten sogar Bestimmungen in Betreff der bürgerlichen Verhältnisse. Es lag also darin außer dem Glaubensbekenntnisse eine förmliche, wenn auch kurz gefasste Kirchen-, Schul- und Gemeinde-Ordnung vor.

Was das eigentliche Glaubensbekenntnis betrifft, so sollte danach jeder Geistliche, er sei Bischof oder Priester, das Recht haben, die Firmung oder Konfirmation vorzunehmen. Dieselbe sollte durch Handauflegung unter Gebet erteilt werden. Die Privatbeichte und Privatkommunion war beibehalten. Die Ordination der Geistlichen sollte ebenfalls durch Gebet und Handauflegung geschehen. Wer zu ordinieren habe, Bischof oder auch Priester, ist nicht gesagt. Die drei Grade: Episkopat, Presbyterat und Diakonat werden ausdrücklich anerkannt.

Ebenso die Unauflöslichkeit der Ehe. Scheidung sollte nur von Tisch und Bett stattfinden. Das Gedächtnis der Heiligen sollte aufrecht erhalten werden, um sich an ihrem Vorbilde stärken zu können, die Anrufung der Heiligen aber war abgeschafft. Die Messe wurde beibehalten, aber nur als Erinnerung an den Opfertod Christi und nicht als eigentliches Opfer aufgefasst, mit der Begründung, dass das Opfer ein für allemal am Kreuze vollbracht sei. Die wahre Bedeutung der heiligen Eucharistie, wonach sie ein wirkliches Opfer ist, aber nicht eine Wiederholung des Opfertodes Christi am Kreuze, sondern die Teilnahme an dem Opfer, welches der Herr, als unser Hoherpriester im himmlischen Heiligtum darbringt, indem er sich fortwährend vor dem Vater für uns darstellt als das Lamm, wie es erwürget ward, — war danach Lutz noch verborgen. Ferner war in dem Glaubensbekenntnisse gesagt, dass es auch jenseits noch Rettungs- und Heiligungs-Anstalten gebe, doch war hinzugefügt, auch dort werde man, wie auf der Erde, nur durch Christi Verdienst, also aus Gnaden, gerecht und selig. Das Gebet für die Verstorbenen wurde den Einzelnen überlassen, ob sie es üben wollten oder nicht. Die beiden letzterwähnten Glaubenspunkte bildeten einen Artikel, der die Überschrift: „Vom Fegfeuer" hatte. Die heil. Schrift sollte allgemein in Gebrauch genommen, die Zeremonien und Kirchengebräuche, die man ohne Sünde halten könne und die dazu dienten, Frieden und gute Ordnung in der Kirche zu erhalten, beobachtet werden; doch sollten die Gewissen nicht durch die Annahme beschwert werden, als seien solche Dinge zur Seligkeit notwendig. Alle Satzungen und Traditionen, welche im Widerspruch mit dem Evangelium von Menschen dazu gemacht seien, Gott zu versöhnen und Gnade zu verdienen, werden ausdrücklich verworfen. Das heil. Abendmahl sollte unter beiden Gestalten gespendet, in den Gottesdiensten die Volkssprache gebraucht werden. Alle Speisen sollten zu jeder Zeit genossen werden dürfen. Wie der Einzelne in dieser Beziehung handeln wolle, bleibe seinem Gewissen überlassen. Den Geistlichen sollte die Ehe freigestellt sein.

Was die Kirchenordnung betrifft, so waren das Fronleichnamsfest und die Feste Maria Empfängnis, Maria Himmelfahrt und Maria Geburt abgeschafft. Abgesehen von den drei hohen Festen waren beibehalten:

1) Das Neujahrsfest,
2) das Fest der Erscheinung Christi
oder der heiligen drei Könige,
3) das Fest Maria Lichtmess,
4) der Josephstag,
5) das Fest Maria Verkündigung,
6) der Karfreitag,

7) der Ostermontag,
8) das Himmelfahrtsfest,
9) der Pfingstmontag,
10) der Dreifaltigkeitssonntag,

11) der Gedächtnistag Johannis des Täufers,
12) der Tag Peter und Paul's,
13) das Engelfest, [78]
14) das Kirchweihfest,
15) das Allerheiligenfest,
16) der Gedächtnistag aller Seelen,
17) der Gedächtnistag St. Stephan».

In der Fastenzeit war für jeden Abend eine Betrachtung über das Leiden und den Tod Jesu in fortlaufender »Ordnung bestimmt, wie solches in Karlshuld bereits in Übung war und vielen Segen gestiftet hatte. Das heil. Abendmahl sollte, wie es in der Gemeinde ebenfalls schon in Übung war, alle vier Wochen an die Einzelnen gespendet werden und zwar am ersten Sonntag jeden Monats an die verheirateten Männer, am zweiten an die Frauen, am dritten an die ledigen Männer, am vierten an die ledigen Frauenzimmer. Die konfirmierte Schuljugend sollte dasselbe jedes Vierteljahr einmal empfangen.

Die Bestimmungen in Betreff der Schule sind sehr kurz. Es wird darin hauptsächlich auf die religiöse Tendenz derselben und auf die Pflege des Gesanges hingewiesen.

In den Bestimmungen Betreffs der bürgerlichen Verhältnisse wird zunächst die religiöse Pflicht des Gehorsams gegen die weltliche Obrigkeit hervorgehoben. Das Betteln war verpönt und als Pflicht der Gemeinde ausgesprochen, dafür Sorge zu tragen, dass jede arme Familie nach und nach das zur Kultivierung ihrer Gründe notwendige Vieh erhalte. Ferner war die Absicht ausgesprochen, ein eigenes Gemeindehaus zu bauen, in welches arme Waisen, wie auch Kinder armer Eltern, aufgenommen und unter Aufsicht und Leitung des Geistlichen erzogen werden sollten. Auch Kranke, Gebrechliche, alte oder arme Leute aus der Gemeinde durften darin Aufnahme finden. Mit diesem Hause sollte eine Art Beschäftigungs-Anstalt verbunden werden, in welcher die Leute besonders während des Winters, da es auf dem Donaumoose wenig Arbeit und Verdienst gibt, mit Spinnen, Strikten, Sticken, Weben u. s. w. beschäftigt werden konnten.

Merkwürdig in der Schrift ist die Bestimmung in Betreff eines eigenen Gemeinde- und Kirchenrates. Es erscheint darin der uralte Diakonat der Kirche in seiner eigentümlichen Amtssphäre, wie er in der heil. Schrift dargestellt und in den apostolischen Gemeinden der Gegenwart wieder ins Leben getreten ist. Der Gemeinde- oder Kirchenrat in Karlshuld sollte aus fünf verheirateten Männern bestehen, welchen aber zwei ledige Männer beigeordnet werden sollten, so dass er in seiner Gesamtheit, wie in der ersten Gemeinde zu Jerusalem, siebenfältig war. Den Sitzungen des Kirchenrats hatten die ledigen Glieder wie die verheirateten beizuwohnen.

Dem Gemeinderat war die Aufgabe zugewiesen, zu wachen und zu sorgen, dass alle Gemeindeglieder nach den religiösen, sittlichen und bürgerlichen Verordnungen treulich wandelten.

Er sollte sich der Armen und Kranken annehmen und darauf achten, dass die öffentlichen Steuern zu rechter Zeit abgetragen, die Ausgaben für den Kultus gehörig bestritten und das Schulgeld richtig an den Lehrer abgeführt werde.

Neben dem Amt der Diakonen war auch das der Diakonissen angeordnet. Es sollten fünf Frauen von frommem Sinn und unbescholtenem Wandel gewählt und demselben ebenfalls zwei ledige weibliche Gemeindeglieder beigegeben werden. Dieselben sollten über den religiössittlichen Wandel des weiblichen Geschlechtes wachen und für die Armen und Kranken ihres Geschlechtes, besonders auch für arme Wöchnerinnen sorgen.

Die ledigen Gemeinderatsmitglieder beiderlei Geschlechtes sollten für die ledigen Gemeindeglieder ihres Geschlechts ebenso zu sorgen haben, wie die verheirateten für die Angehörigen ihres Standes und Geschlechtes.

Mit den Gemeinderatsmitgliedern sollte der Geistliche alle 14 Tage zusammenkommen, um mit ihnen in Betreff der vorliegenden Gegenstände zu beraten und zu beschließen, und zwar sollten die Sessionen des Geistlichen mit den Männern von denen mit den Frauenzimmern gesondert sein und nur der Unterschied stattfinden, dass über die mit den männlichen Gemeinderatsmitgliedern gehaltenen Beratungen und Beschließungen ein von den Anwesenden zu unterzeichnendes Protokoll aufgenommen werden sollte, wogegen in den Sitzungen mit den Frauenzimmern die Abfassung eines Protokolles außer bei besonders wichtigen Vorkommnissen für unnötig erachtet wurde.

Die schiefe Stellung, welche das weibliche Geschlecht in diesen Bestimmungen zugewiesen erhält, ist leicht zu erkennen. In den apostolischen Gemeinden haben die Diakonissen keine selbständige Stellung, sondern stehen unter der Leitung der Diakonen. Auch in anderer Beziehung sind die Karlshulder Verordnungen bezüglich des Diakonates mangelhaft, im Ganzen aber tritt in ihnen der christliche Diakonat in seiner ursprünglichen und eigentlichen Bedeutung klar hervor und es zeigt sich, wie das Bedürfnis des christlichen Diakonates in seiner gottgeordneten Stellung mit Notwendigkeit da entsteht, wo in einer christlichen Gemeinde das lebendige Bewusstsein der Pflicht, nach Heiligung zu ringen und den Willen Gottes nach allen Seiten hin zu erfüllen, wahrhaftig vorhanden ist.

Die ganze Schrift in ihrer Mischung von Nichtigem und Unrichtigem zeigt, wie Lutz einen tiefen Blick in die in der Kirche vorhandenen Schäden und manches Licht über ihre ursprüngliche Gestaltung hatte, wie aber die besten menschlichen Bestrebungen, die Kirche aus ihrem Zerfalle aufzurichten, ohne besonderen göttlichen Beruf und besondere göttliche Ausrüstung zu keinem Ziele führen können.

Wie vorauszusehen war, fand die Bitte der Gemeinde, auf Grund dieser Bestimmungen eine eigene Gemeinde bilden zu dürfen, nicht die Genehmigung der Regierung.

Im Gegenteil, Lutz wurde, um befürchteten Umtrieben zuvorzukommen, der Aufenthalt in Karlshuld und der Umgegend polizeilich untersagt. Um seine Verhaftung zu verhüten, oder aber aus Furcht vor seinen Karlshulder Gegnern, die beabsichtigt haben sollen, ihm ein Leid zuzufügen, wurde er damals von etlichen Freunden bei Nacht und Nebel von Untermaxfeld fortgeführt. Zuerst hielt man ihn in Stengelheim verborgen, dann fand er in dessen Nähe bei einem Freunde Ausnahme.

V. ÜBERTRITT ZUR PROTESTANTISCHEN KIRCHE

Anfang Januar 1832 reiste Lutz nach Nürnberg und Erlangen, um sich dort mit gläubigen Protestanten zu benehmen. Von diesen auf die großen Schwierigkeiten, die der Bildung einer Sondergemeinde im Wege stünden, aufmerksam gemacht, kam er zu dem Entschlusse, förmlich zur protestantischen Kirche über zu treten. Noch von Nürnberg aus suchte er beim Oberkonsistorium in München um Aufnahme in die Zahl der protestantischen Geistlichen nach. Dem Beispiele ihres Seelsorgers folgend erklärten nun Ende Januar von den 1300 Karlshulder Gemeindegliedern gegen 600 beim protestantischen Pfarramt« Untermaxfeld ihren Übertritt in die protestantische Kirche und ungefähr um dieselbe Zeit wurde Lutz von dem protestantischen Dekanate in Augsburg förmlich in die protestantische Kirche aufgenommen. Hier in Augsburg fand Lutz, der seit seiner Entfernung von Karlshuld von allen Subsistenzmitteln entblößt war, bei dem Essigfabrikanten Volk, dem damaligen Haupte einer Familie, die sich schon öfters durch Unterstützung solcher, die um des Glaubens willen in Bedrängnis geraten waren, ausgezeichnet hat, freundliche Aufnahme. Während seines Aufenthaltes in diesem Hause, der sich über ein halbes Jahr hinaus erstreckte, schrieb oder veröffentlichte er die vier Hefte historischer Notizen über sein Leben und Wirken in Karlshuld und über die Verhältnisse dieser Gemeinde.

Der übergetretene Teil der Karlshulder Gemeinde sehnte sich jetzt sehr nach den Segnungen des Hauses Gottes, besonders aber nach dem Empfang des heil. Abendmahles unter beiden Gestalten. Auf ihr und Lutzens dringendes Bitten wurde daher der mit Lutz befreundete Pfarramtskandidat G. Pächtner dahin berufen. Da in Karlshuld noch kein Lokal ausgemittelt war, so hielt derselbe in der Kirche zu Untermaxfeld die Gottesdienste. Am Gründonnerstag 1832 empfing die Gemeinde zum ersten Male das heil. Abendmahl unter beiderlei Gestalten. Höchst rührend soll es gewesen sein, wie die 170 Abendmahlsgenossen, meist verheiratete Personen, mit tiefer Ehrfurcht und unter Tränen zum Tische des Herrn traten und mehrere von ihnen ein heiliger Schauer überfiel, als ihnen zum ersten Male der so lange vorenthaltene Kelch gespendet wurde.

Auch Lutz war nach seinem Übertritt voll Freudigkeit. Er schrieb in der Vorrede zum ersten Hefte der historischen Notizen am 15. Februar 1832: Es reut mich nicht, den Schritt, so ich getan habe, wirklich getan zu haben. Ich genieße nun in meinem Innern eine Ruhe, einen Frieden und eine Seligkeit, die mir um alle Welt nicht feil wären. Ach Herr, mein Gott! Welche Seligkeit ist es, sich ganz und ausschließlich zu Dir und Deinem heiligen Worte zu bekennen! Wie so ganz und über alles Bitten und Erwarten bekennst dann auch Du Dich zu Einem!" — Und weiterhin: „Diesseits des Baches strahlt das Evangelium in vollem Glanz und des Herrn Geist hat Tausende aus dem Tode zum Leben aus Gott erweckt, die da nun Zeugen sind, dass der Herr noch lebt und jetzt noch kann und will und tut, was Er in den ersten Jahrhunderten konnte, wollte und tat. Diese freuen sich des göttlichen Lebens, in welcher Gestalt es auch immer erscheinen mag und danken dem Herrn dafür."

Karlshuld aber vergisst er nicht; er gedenkt desselben in Wehmut und Liebe. Er schrieb damals, und seine Worte atmen noch den lebendigen Schmerz der Trennung: „O, sie sind mir unvergesslich jene schönen, festlichen Tage, wo ich in Mitte der geliebten Gemeinde so brüderlich wandeln durfte! Sie sind mir unvergesslich jene schönen, festlichen Tage, wo wir vor dem Angesichte des Herrn an Seinem Worte uns erquickten, mit Seinem Fleische und Blute uns stärkten, immer herzlicher uns an einander anschlossen und Hand in Hand auf rauher Bahn und unter manchem Gewittersturm dem stillen Jenseits zuwandelten! Ihr schönen, festlichen Tage, kehrt ihr nie mehr zurück? Seid ihr entschwunden auf immer? — Ihr schönen, lieblichen Tage! wie könnte ich euer vergessen! Ich war geliebt von Hunderten mit zarter heiliger Liebe! Hunderte durfte ich lieben, wie ein Vater seine Kinder! Arm waren sie zwar, diese Hunderte, und von keiner Bedeutung im Auge der Welt, aber ich liebte sie dennoch und werde sie lieben mit ewiger Liebe! Doch schweige mein Herz und wisse: Du gehörst dem an, der da sagt: „Wer Mir nachfolgen will, der verleugne sich selbst, nehme täglich sein Kreuz auf sich und folge Mir nach." Match. 19, 14. — Jenseits wird es anders, jenseits wird Alles, gar Alles recht werden, also auch dieses! Und bis dorthin, nicht wahr, du weiches Herz? wollen wir warten. Wie lieblich tönt mir jener Liedervers, allwo es heißt:

„Du stilles Land!
Die hier für ihren Herrn gestritten,
Die lohnst Du dort in Friedenshütten.
Ruh' gibst Du ihnen nach dem Kreuzesstand,
Du stilles Land! —

Doch sieh, Lutz, du schwärmst. — Ja, von solcher Schwärmerei bin ich nicht frei und hoffe auch es niemals zu werden."

Die Tiefe des Gefühls und die Wahrheit des Schmerzes, die diesen Worten innewohnt, mag man ermessen, wenn man sich erinnert, dass, der so schreibt, heimatlos, arm und ganz auf die Wohltätigkeit Anderer angewiesen war.

Wie Lutz von jeher kein Parteimann war, so hielt er auch in der protestantischen Kirche den echt katholischen Standpunkt fest. Denjenigen seiner Karlshulder Freunde, die nicht mit ihm über getreten waren, schrieb er:

„Es sei ferne von mir, euch bereden zu wollen, gleich mir aus der römisch-katholischen zur evangelischen Kirche über zu treten. Nein! Ganz und gar nicht! Es ist dies eine Sache, die aus eigener, lebendiger, klarer und entschiedener Überzeugung hervorgehen muss, sonst taugt es nichts. Es ist dies eine Sache, die sich von selbst geben muss. Lasst uns nur, Ihr Lieben, Teuren, aus kindlichgläubigem Herzen Tag und Nacht zusammen beten, dass der Herr Seinen Geist über die Christen aller Konfessionen ausgieße, dass dieser Geist Allen die Augen, Ohren und Herzen auftue, dass sie in Christus, dem für uns leidenden, sterbenden und verherrlichten Sohne Gottes, ihren alleinigen Mittler und

Heiland erkennen, Ihn als den Grund- und Eckstein ihrer Gerechtigkeit und Seligkeit an- und aufnehmen und so, in Einem Geiste getränkt in Christo Jesu, Frucht bringen zum ewigen Leben. Dann wird bald jene herrliche Zeit kommen, wo alle Lügen schwinden und die Wahrheit Alle erleuchtet, wo alle Scheidewände sinken und sich alle als die Kinder Eines und desselben Vaters, als die Erlösten Eines und desselben Heilandes, als die Tempel Eines und desselbigen heiligen Geistes und als Erben Einer und derselben Seligkeit erkennen und lieb gewinnen; wo alle Abgrenzungen zerstört und Ein Hirt und Eine Herde — Jesus Christus Alles in Allem sein wird. Nur um das bitte ich Euch: Schämet Euch nicht Christi und Seines Evangeliums! Bekennet Euch dazu mit Wort und Wandel! Duldet man aber auch an Euch das nicht mehr, dann rat' ich Euch: Schüttelt den Staub von Euren Füßen zum Zeugnis wider sie, wie es vor Zeiten Paulus tat, und kommt!" —

Die Ruhe, welche Lutz sich rühmte in der protestantischen Kirche gefunden zu haben, war indes nicht von langer Dauer. Lutz hatte die römische Kirche von ihrer Schattenseite kennen gelernt. Er kannte die Irrtümer derselben und» wenn er sich persönlich auch nicht mit Recht über üble Behandlung von Seiten der kirchlichen Behörde beklagen durfte, so wusste er doch, was seiner Zeit Martin Boos von ihr erduldet hatte. Vor der Schattenseite war die Lichtseite der römischen Kirche seinem Blicke entschwunden. Die protestantische Kirche dagegen hatte er zunächst nur von ihrer Lichtseite kennen gelernt. Durch seine Tätigkeit im Donaumoose als ein evangelisch erleuchteter Diener Gottes allerorts bekannt geworden, hatte er Gelegenheit gefunden, den gläubigen Kreisen der protestantischen Kirche näher zu treten. Zur Zeit seines Übertritts zur protestantischen Kirche stand er meist nur mit gläubigen Protestanten in Berührung. Es konnte nun nicht fehlen, dass er auch mit der Schattenseite der protestantischen Kirche bekannt wurde. Beide Abteilungen der Einen Kirche Gottes, die römisch-katholische, wie die protestantische, standen damals noch unter dem vorwiegenden Einflusse des Rationalismus. In beiden Kirchenabteilungen hatte der Glaube und das geistliche Leben durch den vergiftenden Einfluss desselben schweren Schaden erlitten. Was das kirchliche Dogma betrifft, so war es in der römischen Kirche, in Folge ihres festen Gefüges dem Rationalismus nicht gelungen, dasselbe zu beschädigen und durch das kirchliche Dogma wurden die Geister in Schranken gehalten; wenn Viele demselben auch keinen persönlichen Glauben entgegen brachten, so durften sie doch nicht ungestraft dagegen auftreten. Anders war die Wirkung des Rationalismus in der protestantischen Kirche. Hier ist der individuellen Freiheit ein weiter Spielraum gelassen und so vorteilhaft dies ist, wo es sich um Verhältnisse handelt, in denen dem kirchlichen Leben die Aufgabe erwächst, sich aus der Umstrickung durch Menschensatzungen heraus zuringen, so schlimm ist es, wenn der menschliche Geist sich von den Banden Christi frei zu machen strebt und schädliche geistige Einflüsse die Oberhand gewinnen. Der Rationalismus hatte in der protestantischen Kirche auch das Dogma beschädigt und der Schaden war bis hinauf in die Spitze des Kirchenregimentes gedrungen. Dennoch kann man nicht sagen, dass das Dogma von seiner Stellung gerückt worden war.

Diejenigen, in deren Augen es seine wahre Bedeutung verloren hatte, kamen wegen des leichteren und freieren Gefüges des Protestantismus nur als Einzeln« in Betracht und einem rationalistischen Amtsträger konnte ein anderer folgen, der wieder auf orthodoxem Boden stand, wie denn in der Tat durch Gottes Güte in dem Regiment« der protestantischen Kirche der Rationalismus in der Folge vielfach wieder dem orthodoxen Bekenntnisse gewichen ist.

Eine Betrachtung dieser Verhältnisse lässt erkennen, dass Gottes Gegenwart und Gnade allein es ist, durch welche in den verschiedenen Teilen Seiner Kirche das geistliche Leben erhalten wird. Das feste Gefüge der römischen Kirche hat nicht verhindern können, dass eine Menge von Irrlehren in der römischen Kirche eingeführt worden sind und das leichtere Gefüge des Protestantismus ist kein Hindernis gewesen, dass das geistliche Leben der protestantischen Kirche bewahrt blieb. Anderseits konnte in der protestantischen Kirche die Herrschaft der individuellen Freiheit ebenso wenig ein Werk der Reformation ausrichten, ohne mit den Irrtümern auch Teile der Wahrheit über Bord zu werfen, als es umgekehrt geistlicher Gewaltherrschaft in der römischen Kirche je gelungen ist, Äußerungen emporstrebenden geistlichen Lebens ganz zu ersticken.

In der Zeit, von welcher wir reden, herrschte im protestantischen Kirchenregimente Bayerns noch der Einfluss des Rationalismus und Lutz musste nun nach seinem Übertritte mit demselben in Berührung kommen. Obgleich er aus Karlshuld polizeilich ausgewiesen war, hatte er doch, wie wir gesehen haben, den Gedanken an eine künftige Wirksamkeit daselbst keineswegs aufgegeben, stand vielmehr mit seinen dortigen Glaubensgenossen in fortwährender Verbindung und war mit ihnen bestrebt, die Interessen ihrer Sonderstellung auch innerhalb der protestantischen Kirche möglichst zu wahren. Es musste ihm deshalb viel daran liegen, gleich von vornherein von dem protestantischen Kirchenregimente Zugeständnisse für die Organisation der kirchlichen Ordnung und des kirchlichen Lebens des über getretenen Teils der Karlshulder Gemeinde zu erlangen. Er reiste daher nach Ansbach, um sich in Betreff seiner Stellung und seiner Aussichten mit dem dortigen protestantischen Konsistorium zu benehmen. Der Konsistorialrat, bei welchem er einen Besuch machte, drücken seine Freude aus, dass Lutz die römischen Irrtümer erkannt habe, und seine Bereitwilligkeit, den Wünschen Lutzens entgegen zu kommen. Lutz erzählte über diesen Besuch: „Alles, was geredet wurde, freute mich, bis er die Frage an mich richtete: Was halten Sie von Christus? Ich erwiderte: „Christus ist der Sohn Gottes." Der Konsistorialrat entgegnete: „So kann Jeder von uns ein Sohn Gottes sein. Sie sind der Sohn Gottes und ich bin der Sohn Gottes." — Lutz fühlte sich durch diese Worte förmlich nieder geschmettert. Als er nachher einen Freund, einen der protestantischen Pfarrer Ansbachs, besuchte, wurde er von demselben mit den Worten empfangen: „Was ist Ihnen geschehen? Sie sind ja todesblass." Lutz erzählte, was vorgefallen war. Der Freund teilte sein Entsetzen und fügte hinzu: „derart sind fast alle unsere Geistlichen. Die meisten glauben nichts." Von da datiert der Umschwung, der in den Anschauungen Lutzens hinsichtlich der protestantischen Kirche nun plötzlich eintrat.

Er äußerte nun: „Ich bin vom Regen in die Traufe gekommen, die römische Kirche ist eine Schüssel, aber die protestantische eine Scherbe." Eine solche Veränderung vermochte die Äußerung eines einzelnen Mannes hervor zurufen. Der Umstand, dass ein Inhaber des Kirchenregimentes den Stern und Kern des Christentums, die Gottessohnschaft des Erlösers, leugnen konnte, warf alle seine bisherigen Anschauungen vom Protestantismus über den Haufen. Dass er dabei zu weit ging und in Übertreibung verfiel, liegt auf der Hand. Wenn man das Verhältnis der Schüssel zu der Scherbe auf die Kirche anwenden will, so kann man offenbar nur die ganze Kirche, die Eine, heilige, katholische, apostolische Kirche, in ihrem ursprünglichen, ungeteilten Bestande als die Schüssel bezeichnen und Scherben sind dann alle die vielen Abteilungen, in welche sich schon früh die Eine Kirche zerspalten hat. Die protestantische Kirche ist dann in keinem andern Sinn ein Stück des Ganzen, eine Scherbe von der Schüssel, als die römisch-katholische und die griechisch-katholische Kirche es ist.

Ausdrücklich sei hier bemerkt, dass die damalige Anschauungsweise Lutzens in Betreff der protestantischen Kirche eine vorübergehende war. Seine spätere, gereifte Anschauungsweise sei, da dieser Gegenstand später nicht mehr berührt werden wird, gleich hier zum Ausdruck gebracht. Er schreibt in seiner Schrift: „Prüfung des Geistes unsrer Zeit" über die protestantische Kirche: „Gott hat derselben dadurch einen großen Vorzug verliehen, dass er ihr durch die großen Männer des 16. Jahrhunderts Sein heiliges Wort wieder gegeben und ihr über die Geheimnisse des Glaubens eine Fülle von Licht und Lebenserfahrung geschenkt hat, wie es in solcher Klarheit, Tiefe und Reinheit seit den Tagen der Apostel nie mehr der Fall war. Deshalb ruht auf ihr auch speziell eine große Verantwortung am Tage des Herrn." —

VI. RÜCKTRITT ZUR RÖMISCH-KATHOLISCHEN KIRCHE

Lutz bereute jetzt seinen Übertritt und Tat Schritte, denselben rückgängig zu machen. Am 6. Juni 1832 reiste er von Augsburg zu einem Freunde nach München, wohin er den einflussreichsten Mann der Karlshulder Gemeinde hatte kommen lassen. Hier wurde der Austritt aus der protestantischen Kirche beschlossen. Von einem Rücktritte zur römischen Kirche war damals noch nicht die Rede. Nach seiner Rückkehr von München besuchte er in Schwaben einige befreundete römische Geistliche und von diesen, besonders von seinem väterlichen Freunde Lutzenberger, scheint er bestimmt worden zu sein, zur römischen Kirche zurückzukehren. Leicht ist ihm dieser Entschluss nicht geworden, denn er hielt an der evangelischen Wahrheit fest und wollte sie nicht verleugnen. Da aber sein früheres Vertrauen in sein eigenes Urteil durch das Bewusstsein, sich übereilt zu haben, geschwächt und das Bedürfnis nach Anlehnung an das Urteil Anderer damit in ihm erwacht war, gelang es seinen Freunden ihn zu überreden. Maßgebend für seinen Rücktritt war besonders der Umstand, dass der selige Martin Boos in der römischen Kirche immer für die evangelische Wahrheit gezeugt und, trotz der schweren Leiden und Anfechtungen, die ihm um des Glaubens willen von Seiten seiner Vorgesetzten bereitet worden waren, niemals daran gedacht hatte, aus der römisch-katholischen Kirche auszutreten. Lutz hielt dafür, dass sein Rücktritt eine Demütigung sei, die ihm für sein früheres Selbstvertrauen gebühre, und hoffte zu Gott, dass Er ihm, wenn etwa Anfechtungen um des Glaubens willen in der römischen Kirche über ihn ergehen sollten, gnädig durch helfen werde.

Schon am 17. Juni sprach Lutz bei dem bischöflichen Ordinariate zu Augsburg mündlich sein Verlangen aus, wieder in die römische Kirche aufgenommen zu werden, was später noch viermal schriftlich geschah. Am 9. Juli reichte er die nötigen Eingaben an das protestantische Dekanat und das römisch katholische Ordinariat ein, verließ Augsburg und begab sich in die Nähe des Mooses, wo er in ein Pfarrhaus, worin er einige Tage verweilte, die drei einflussreichsten Männer der Karlshulder Gemeinde kommen ließ, ihnen seinen Beschluss, zur römischen Kirche zurückzutreten, bekannt machte und sie aufforderte, ein Gleiches zu tun. Zwei davon protestierten, der dritte, ein wohl unterrichteter, beredter Mann, aber ein bedenklicher Charakter, der einmal gesagt haben soll, er könne mit Lutz ein Mohamedaner werden, stimmte ihm bei.

Auch dem Karlshulder Pfarrvikar Pächtner zeigte Lutz in einem Brief vom 9. Juli seinen Austritt aus der protestantischen Kirche an. Der Schilderung der Rückwirkung, welche letzterer Vorgang für Pächtner und Karlshuld hatte, sind einige Bemerkungen voraus zuschicken. Pächtner war seit dem 6. April im Donaumoos. Am Abend dieses Tages war er in Lutzens Wohnung zu Untermaxfeld angekommen und mit außerordentlicher Liebe und Freude empfangen worden. Die Leute hatten ihn schon seit einigen Tagen erwartet und eilten noch in der Nacht von Karlshuld herbei, um ihren neuen, von Lutz sehr empfohlenen Seelsorger zu bewillkommen. Sie empfingen ihn mit Freudentränen und die erste Zeit der Wirksamkeit Pächtners war eine reich gesegnete.

Dass das Vertrauensverhältnis der Gemeinde zu ihrem neuen Seelsorger aber mit der Zeit leiden musste, war vorauszusehen und lag in der Natur der Umstände. Die Verbindung der Gemeinde mit Lutz bestand selbstredend fort. Lutz sah die mit ihm ausgetretene Gemeinde als seine Gemeinde an und die Gemeinde hing an ihm, ja wartete auf seine Rückkehr, wenn die von ihr und Lutz eifrig betriebene Förderung ihrer gemeinsamen Interessen zum Ziele geführt haben würde. Diese Verbindung hatte daher die Folge, dass Pächtners Wirksamkeit nur als ein Interimistikum betrachtet wurde. Da ausgeschlossen war, dass Pächtner auf die Interessen einging, welche Lutz und die Gemeinde verbanden, hielt man die Versammlungen, worin dieselben besprochen wurden, sogar hinter seinem Rücken. Musste schon dadurch das gute Einvernehmen getrübt werden, so war dies noch in höherem Maße der Fall, als das Gerücht ging, Lutz wolle aus der protestantischen Kirche wieder austreten. Dies Gerücht war also nun durch Lutzens Brief an Pächtner bestätigt. Letzterer teilte diesen Brief einigen Gemeindegliedern mit (außer einigen Wenigen wusste die Gemeinde vom Rücktritte noch nichts) und richtete in der Befürchtung der Dinge, die da kommen möchten, am folgenden Sonntage, dem 15. Juli, an welchem sich die Gemeinde zum letzten Male in Untermaxfeld versammelte, ein Wort der Ermahnung an dieselbe, wobei er 1. Kor. 16, 13 („Wachet, stehet im Glauben, seid männlich und seid stark") zu Grunde legte. Dies Wort machte wohl einen guten Eindruck, konnte aber die Kugel, die einmal ins Rollen gekommen war, nicht mehr aufhalten. Gleich nach dem Gottesdienste fand vor Pächtners Wohnung eine Gemeindeversammlung statt, welcher Pächtner, der zu einem Schwerkranken eilen musste, nicht beiwohnen konnte. In dieser Versammlung wurde den Leuten gesagt, dass Lutz aus der protestantischen Kirche wieder ausgetreten sei. Nun erklärten sie haufenweise ihren Austritt aus der protestantischen Kirche beim protestantischen Pfarramte; die Säumigen suchte Lutz brieflich dazu zu bewegen. Pächtner und der protestantische Pfarrer Meyer von Untermaxfeld ließen es an liebevoller Ermahnung und Belehrung nicht fehlen; allein ihre Bemühungen waren ohne Erfolg. Die größere Zahl der Ausgetretenen kehrte wieder in die römisch-katholische Kirche zurück, nur 180 Seelen blieben Protestanten.

Der Standpunkt, den Lutz nun einnahm, lässt sich aus Briefen erkennen, die er zu jener Zeit an Karlshulder Gemeindeglieder schrieb, um sie zur Rückkehr in die römische Kirche zu bewegen. Am 18. Oktober 1832 schrieb er an ein weibliches Gemeindeglied unter Anderm Folgendes:

„Jesus hat uns Seine Gnade und Erkenntnis in der katholischen Kirche geschenkt; wir hatten Ihn schon lange vorher gefunden, ehe wir protestantisch wurden. Er hat auch Dir, wie der Lydia, das Herz aufgetan, dass Du Sein Wort und Sein Heil im Glauben fassen konntest, und das hat Er Dir getan, als Du noch katholisch warst. Siehe, wie selig warst Du oft beim katholischen Abendmahle, bei der heil. Messe, bei der Predigt und beim Anhören des Wortes Gottes. Ist denn das nicht ein handgreiflicher Beweis, dass Jesus damit ganz einverstanden war, dass wir katholisch waren? — Sieh', wie viel Trost fandest Du immer bei Ihm und mit Dir viele Dutzend Andere.

Und ich stehe Dir im Namen Jesu gut, dass Du den nämlichen Trost und Segen, nur noch reichlicher, erfahren wirst, wenn Du zur katholischen Kirche, wie ich, wieder zurück kehrst. Denn diese Rückkehr ist für uns alle eine tiefe Demütigung vor dem Herrn und die Demütigen tröstet und erfüllt Er mit dem ganzen Reichtum Seiner Gnade.“

Ferner:

„Die ganze Lehre Jesu und alle Seine heiligen Sakramente findet man nirgends als nur in der katholischen Kirche. Die protestantische hat nur einen Teil davon. Sie hat nur zwei Sakramente, Jesus aber hat sieben eingesetzt, wie es ja aus der heil. Schrift klar bewiesen werden kann und wie es viele tausend und tausend heilige Kinder Gottes immer geglaubt haben, die doch gewiss vom heiligen Geiste erleuchtet waren. — Sieh' das haben wir ja immer von Herzen geglaubt und waren selig bei diesem Glauben; das Hab' ich ja immer gelehrt, so lange ich in Karlshuld war, und der Herr hat zu dieser Lehre Seinen reichen Segen gegeben.“

An ein männliches Gemeindemitglied schrieb er später später:

„Die Folgen eures Schrittes werden, wenn nicht für euch, doch für eure Kinder und Kindeskinder traurig sein! — Der Abfall in der protestantischen Kirche ist schrecklich und wird alle Tage noch schrecklicher. Viele tausend und tausend Protestanten verwerfen die Gottheit und die Erlösung durchs Blut Christi und viele hundert lehren es öffentlich auf den Kanzeln und hohen Schulen. Dahin könnt auch ihr leicht kommen und wenn auch ihr nicht, doch Kinder und Kindeskinder. Aber ihr glaubt es nicht.“ —

Die kleine protestantische Gemeinde hatte es jetzt eine Zeit lang recht schwer. Die zur römischen Kirche Zurückgetretenen, welche täglich auf die Rückkehr Lutzens, die man ihnen, um sie zum Rücktritt zu bewegen, in Aussicht gestellt hatte, warteten und zuversichtlich hofften, alle Andern auch noch zurückzubringen, wurden zum Teil noch feindseliger gegen die kleine Protestantenschar, als diejenigen, welche nie ausgetreten waren. Von den Eltern aufgereizt, schrieen die Kinder auf der Straße Pächtner nach, ja warfen nach ihm mit Erdschollen. Die kleine Herde erhielt indes von der k. Kreis-Regierung zu Augsburg die Erlaubnis, ein Interimskirchlein zu bauen. In drei Wochen war es fertig gestellt und der Tag, an welchem es eingeweiht wurde, der 30. September 1832, war ein Freudentag für die Gemeinde. Später, im Jahre 1834, wurde dann auch das Kolonistenanwesen erworben, wo Pächtner seit dem 23. Juli 1832 gewohnt hatte, ein Haus gebaut, worin auch Schule gehalten wurde, und ein Gottesacker angelegt. Da sahen denn die Widersacher, dass sie nichts ausrichten konnten, wurden nach und nach ruhig und zuletzt sogar freundlich.

Am 16. November 1832 wurde Lutz, nachdem er Widerruf geleistet hatte, in die römisch-katholische Kirche und ihren Klerus wieder aufgenommen und auf das tridentinische Glaubensbekenntnis verpflichtet.

Darauf ließ das bischöfliche Ordinariat seinen Widerruf in der Diözese verbreiten. Lutz hatte seinen Glaubensgenossen immer geschrieben und sagen lassen, er werde nichts von dem widerrufen, was er in Karlshuld gelehrt habe; dasselbe sei und bleibe Wahrheit. Als sie nun seinen Widerruf lasen und Dinge darin fanden, die sie nicht erwartet hatten, entstand unter den Zurückgetretenen eine große Bewegung.

Eine Anzahl von ihnen wollte auf der Stelle wieder aus der römisch-katholischen Kirche austreten, andere empfahlen, bei Lutz anzufragen. Lutz antwortete umgehend, die Fassung des Widerrufs sei vom Bischof und nicht von ihm; er sei keineswegs gesonnen, die Wahrheit zu widerrufen. Die Leute beruhigten sich nun wieder und warteten von neuem auf Lutzens baldige Rückkehr. Im Juni 1833 kam Lutz dann wirklich nach Karlshuld, aber nicht um zu bleiben, sondern offenbar nur auf Betreiben seiner Vorgesetzten, um die Leute zur Treue gegen die römisch-katholische Kirche zu ermahnen.

Am 21. Juni hielt er die Messe und darauf eine Rede, worin er sagte, dass er von ganzem Herzen wieder römisch-katholischer Priester sei. Zum Schlusse forderte er die Gemeinde auf, bei der römisch-katholischen Kirche zu bleiben, die sieben Sakramente fleißig zu gebrauchen und die Zeremonien in Ehren zu halten. Mit Ausnahme weniger gelobten die Leute unter Tränen, dies zu tun.

VII. LUTZ IN OBERROTH

1. Die ersten Jahre

Nach seinem Wiedereintritt in die römische Kirche fand Lutz zunächst Verwendung als Kaplan bei seinem väterlichen Freunde Pfarrer Lutzenberger in Unterroth. Daselbst finden wir ihn bereits am 2. Adventssonntage 1832 wieder auf der Kanzel. Von Unterroth kam er, da das Vertrauen seiner Vorgesetzten zu ihm mittlerweile zugenommen hatte, 1834 als Pfarrer nach Tafertshofen und von da am 14. November 1839 nach Oberroth, wo er nach Verlauf einiger Jahre auch Kämmerer und Dekan wurde. Wir können über die Zeit, welche Lutz in Unterroth und Tafertshofen und die ersten Jahre, welche er in Oberroth zu brachte, rasch hinweg gehen. Sein Leben verlief während dieser Zeit in dem ruhigen Geleise, in welchem das Leben eines Landgeistlichen gewöhnlich verläuft. Seine Wirksamkeit war eine gesegnete. Er predigte das Wort Gottes mit Klarheit und Kraft, nicht nur in seiner eigenen Gemeinde, sondern in vielen Orten der Umgegend, wo ihm als einem ausgezeichneten Prediger bei festlichen Gelegenheiten häufig die Predigt angeboten wurde, und Viele wurden durch ihn erleuchtet und bekehrt. Auch in äußerlicher Beziehung waren seine Unternehmungen gesegnet. Als er nach Oberroth kam, befanden sich sämtliche Kultusgebäude in verwahrlostem Zustande. Seinen Bemühungen gelang es, zuerst den Pfarrhof und das Ökonomiegebäude, dann ein Schulhaus und endlich die Kirche teils neu zu bauen, teils wieder in stand zu setzen, wozu er einen großen Teil seines Pfarreinkommens verwendete. Auch seine Gesundheit, die seit längerer Zeit gelitten hatte, besserte sich wieder. Für ein schlimmes Drüsenleiden, das er sich in seiner ungesunden Wohnung im Donaumoose zugezogen hatte, fand er in dem Bade Brandenburg bei Illertissen in Württemberg Heilung. Die Gemeinde stand im Frieden und hing mit Liebe und Vertrauen an ihrem Seelsorger. Den Gedanken einer Rückkehr nach dem Donaumoose hatte Lutz damals ohne Zweifel vollständig aufgegeben. Es war nicht daran zu denken, dass das bischöfliche Ordinariat ihn wieder an den Ort versetzt hätte, wo unter seinem Vorgange eine Separation stattgefunden hatte; und wenn es ihn wieder nach Karlshuld hätte versetzen wollen, so würde Lutz selbst es wohl nicht gewünscht haben, da der Umstand, dass ein Teil seiner ehemaligen Gesinnungsgenossen eine protestantische Gemeinde bildete, für sein Inneres eine fortwährende Dissonanz gewesen wäre, die er auf die Dauer nicht hätte ertragen könne». Seinem Herzen blieb übrigens Karlshuld stets nahe und die geistlichen Erfahrungen, die er dort gemacht hatte, beschäftigten ihn unausgesetzt. Lutz erzählte öfters: „Von der Zeit an, da ich von Karlshuld fortgekommen war, habe ich das, was Gott in Karlshuld getan, nicht wieder vergessen. Ich war mir bewusst, der Herr muss noch etwas tun in dieser letzten Zeit. Ich war überzeugt, dass das, was damals in Karlshuld geschah, Gottes Wirken war. Ich habe leider damals gefehlt, indem ich zu voreilig war, und dem lieben Gott vorgreifen wollte. Alle religiösen Blätter und Schriften, deren ich habhaft werden konnte, las ich mit besonderer Aufmerksamkeit, indem ich darauf achtete, ob nichts von Aposteln oder von einem besonderen Werke Gottes darin enthalten sei; ich fand aber nichts."

2. Lutz lernt Gottes Werk kennen

Wartete Lutz auch lange auf die Erfüllung der Worte der Weissagung, die in Karlshuld gesprochen worden waren, so wartete er doch nicht vergebens. Wir wissen bereits, dass an einem andern Punkt« der Christenheit die Worte von der Wiederherstellung des vierfachen Amtes Christi und der Wiederaufrichtung apostolischer Gemeinden in Erfüllung gegangen waren. Die Kunde von diesen Vorgängen sollte nun zu den Ohren Lutzens gelangen. Lassen wir ihn selbst davon erzählen:

„Im Jahre 1842 schrieb mir mein Freund, Pfarrer Leinfelder von Augsburg, nach Oberroth: „Mein lieber Freund! Es ist ein Mann von England zu uns gekommen, der mich auch schon besucht hat und der eine Weisheit und eine Klarheit in der Erkenntnis des Wortes Gottes, besonders bezüglich der prophetischen Teile desselben besitzt, wie wir Theologen sie nicht haben. Soll er dich nicht auch besuchen?" etc. Meine Antwort war: „Nein, er soll mich nicht besuchen. In England gibt es so viele Sekten und Du weißt ja, dass ich kein Freund derselben bin. Dieser Mann wird wohl der Vorsteher einer Sekte sein. Du weißt, dass ich mir die Finger schon einmal verbrannt habe; ich will sie mir nicht zum zweiten Male verbrennen." etc.

Mein Freund schrieb mir wieder: „Es ist gar nicht so, wie Du meinst. Von einer Sekte ist hier keine Rede. Bei einem Manne, der so weitherzig denkt und spricht, kann das nie der Fall sein. Lass ihn doch kommen. Nicht wahr, Du lädst ihn ein?" — Ich dachte, er lässt mir keine Ruhe; ich muss den Mann einladen. Aber ich nahm mir vor, auf nichts Näheres mit ihm einzugehen.

Der Herr kam, es war der Schottländer William Caird. Ich fand in ihm einen sehr freundlichen und liebevollen Mann. Ich erkannte bald, dass mein Freund recht hatte. Ich musste staunen über die Erkenntnis dieses Mannes. Er sagte wir manches über die prophetischen Stellen der heil. Schrift und was er sagte, war mir neu. Ich ging einige male mit ihm spazieren und es wurde von Vielem geredet. Ich behielt jedoch mein Misstrauen bei und ließ mich nicht näher mit ihm ein. Als Herr Caird wieder abreiste, ließ ich ihn gehen, ohne ihn wieder eingeladen zu haben.

Als er fort war, fiel es mir schwer aufs Herz, „Was hast du getan!" sprach ich zu mir. Der liebe Gott hat dir diesen Mann ins Haus geschickt. Du könntest so viel von ihm lernen und soviel Segen von ihm haben und nun hast du ihn nicht wieder eingeladen! Ich kam hierauf mit mir ins Reine und schrieb wieder an Herrn Caird, um ihn zu bitten, mich wieder zu besuchen und länger bei mir zu bleiben.

Nach einiger Zeit kam er wieder. „Jetzt," sagte ich zu ihm, „machen wir uns an die Bibel. Wir fangen beim ersten Blatt an und hören beim letzten auf. So lange müssen Sie bei mir bleiben." Caird versprach, die ganze Bibel mit mir durch zugehen und lange bei mir zu bleiben, wenn er auch ab und zu wieder verreisen müsse. Wir begaben uns nun an die Arbeit und machten bei vielen Stellen der heil. Schrift Notizen.

Daraus entstand in der Folge das Buch, das den Titel: „Der Ratschluss Gottes" führt. Noch nie habe ich einen Menschen kennen gelernt, der eine solche Schriftkenntnis und ein solches Gedächtnis hatte. Er wusste sehr vieles aus Gottes Wort auswendig. Wenn ich ihn über den Sinn einer Stelle fragte, konnte er mir sofort 20 bis 30 Stellen dazu anführen, so dass ich sagen musste: „Hör' auf!" Wir waren bald gute Freunde und sagten „Du" zu einander.

Caird wollte vieles von der römischen Kirche wissen. Wir sprachen oft über die Ordnung und Einrichtung derselben. Als er einmal die vielen äußeren Sachen, wie z. B. die Kleidung der Priester lobte, sagte ich ihm: „Das mag ich gar nicht hören." Darüber verwunderte er sich sehr. Er glaubte in mir einen echt römisch gesinnten Priester vor sich zu haben. Es wurde ihm bald klar, dass dies nicht der Fall war.

Caird war ein Glied des Kreises in Schottland, in welchem zuerst die geistlichen Gaben erwacht waren, und er stand mitten in dem Werke, das Gott der Herr damals zu tun anhob, um die Kirche aus ihrem gesunkenen Zustande aufzurichten, die zerstreuten Glieder Christi in die Einheit der Herde Christi zu sammeln, die vollkommenen Ordnungen Gottes wiederherzustellen und die Kirche vorzubereiten auf die Zukunft Seines lieben Sohnes. Caird war auf den Kontinent herüber gekommen, um denen, die nach der Hilfe von oben ausschauen, die Kunde von dem zu bringen, was der Herr getan hatte. Er hatte in Augsburg offene Herzen gefunden und nun hatte der Herr ihn auch nach Oberroth geführt. Doch hören wir Lutz weiter erzählen:

„Caird ging sehr langsam mit mir voran. Er nahm Anstand, mir gleich von der erneuten Sendung von Aposteln zu sagen. Als wir einmal beisammen saßen und den Abschnitt Epheser 4 vor uns hatten, redete er von den Ämtern der Kirche, wie sie am Anfang vorhanden waren. Im Laufe der Rede ließ er die Worte fallen: „In England gibt es Gemeinden, wie am Anfang." Ich war ganz erstaunt über diese Worte und fragte: „Wer leitet diese Gemeinden?" „Sehr einsichtsvolle Männer" war die Antwort. „Wie heißt man diese einsichtsvollen Männer?" fragte ich weiter. „Apostel" sprach Caird. „Was? Apostel?" sagte ich. „Ist das wahr? Auf Apostel und auf ein besonderes Werk Gottes in der Kirche warte ich schon 14 Jahre." „So wartest Du auf Apostel? Wie kommst Du dazu?" frug nun Caird voll Verwunderung und Interesse. Ich erzählte ihm nun von meinen Erlebnissen auf dem Donaumoose, wie dort einige Personen in Weissagung gesprochen hatten, und dass in diesen Worten gesagt worden sei, der Herr werde, ehe Er kommt, wieder Apostel und Gemeinden wie am Anfang geben. „Wann haben die Leute gesprochen?" fragte Caird. „Ende Februar im Jahre 1828 haben sie angefangen zu reden" erwiderte ich. „Um jene Zeit," rief Caird, „haben auch in Schottland die weissagenden Personen zu reden angefangen." — Lutz war in seinem Innersten berührt. Der Gedanke durchleuchtete ihn, dies sei in der Tat das Werk, auf welches sie im Donaumoose hingewiesen worden waren. Er nahm sich indes vor, es ernstlich zu prüfen.

Was nun Lutz aus dem Munde Cairds über die in England und Schottland statt gefundenen religiösen Vorgänge und die daselbst entstandenen apostolischen Gemeinden hörte, übertraf weit alle seine Erwartungen. Er sah hier mächtige und eilende Schritte, die der Herr Tat, um Seinen Ratschluss mit Seiner Kirche zur Erfüllung zu bringen. Er hörte, wie im Kreise frommer Christen, die unablässig den Herrn um die Gabe des heiligen Geistes angefleht hatten, ebenso wie in Karlshuld, das Wort der Weissagung erwacht war, wodurch das nahe bevorstehende Kommen des Herrn angekündigt, der Wille des Herrn, Seine getrennten Kinder zur Einheit des Leibes Christi zu verbinden, kund getan und auf die Sendung von Aposteln hingewiesen wurde, durch welche der Herr all Sein Wohlgefallen ausrichten und Seine Kirche vorbereiten wolle auf die Zukunft Seines lieben Sohnes. Er vernahm, wie dann in der Tat das apostolische Amt hervortrat und, nachdem es zur Zwölfzahl angewachsen war, eine Aussonderung der Apostel (Apostelgeschichte 13, 2) stattfand, eine gnädige Handlung des Herrn, wodurch Er Seine Apostel von ihren früheren, teilweise untergeordneten Stellen, im Hause Gottes entband und sie an die Spitze der Kirchen und Gemeinden stellte, um das Werk des apostolischen Amtes in geordneter und regelmäßiger Weise auszurichten, — und zugleich ein feierlicher Akt von Seiten der Kirchen und Gemeinden, wodurch sie die Apostel als die gottgeordneten Leiter und Regierer der Kirche anerkannten und aufnahmen. Lutz erfuhr, wie der Herr Seine Apostel nach und nach über die Befugnisse ihres Amtes belehrte, sie vom Kindesalter zum Mannesalter führte und befähigte, das volle Werk ihres Amtes auszurichten. Er vernahm, wie die 12 Apostel in Gemeinschaft von sieben Propheten mit kurzen Unterbrechungen ein volles Jahr in der Stille beisammen waren, um in täglichen Konferenzen die heilige Schrift zu lesen, und wie ihnen der Herr dabei durch das prophetische Amt viele Geheimnisse der Schrift erschloss, besonders der Stiftshütte und der übrigen Teile des Gesetzes (die sich als Vorbilder der Kirche mit ihren Ordnungen und Diensten erwiesen, Hebr. 8, 5; Kol. 2, 17), um sie über die wahre Gestalt der Kirche zu unterrichten und so in den Stand zu setzen, dieselbe auf ihrer ursprünglichen Grundlage wieder aufzubauen. Er hörte, wie der Herr dann Seine Apostel in alle Teile der Christenheit aussandte, um während eines weiteren Jahres die noch vorhandenen Schätze der göttlichen Wahrheit, die der Kirche ursprünglich als ein Ganzes verliehen worden und seit der Zerspaltung derselben nur noch in Bruchstücken bei ihren einzelnen Abteilungen vorhanden waren, zu sammeln, damit sie, geeinigt, bei dem Wiederaufbau der Kirche Verwendung finden möchten. Er vernahm ferner, wie danach die Apostel angewiesen wurden, ein umfassendes Zeugnis an die Häupter der Christenheit in Kirche und Staat über die Schritte des Herrn in Seinem Heiligtum zur Vorbereitung Seines Volkes auf die Zukunft Seines lieben Sohnes zu richten und wie dies Zeugnis im Jahre 1838 abgelegt wurde.

Ein großes, umfassendes Werk, voll göttlicher Macht, Weisheit, und Gnade enthüllte sich hier vor Lutzens staunenden Blicken! Er erkannte darin die Herrlichkeit des Herrn, die wie im Anfang in Seinem Hause erschienen war. Wie alles dies in der Christenheit vorgehen konnte, ohne dass er, der doch immer nach einem besonderen Werke des Herrn ausschaute davon Kunde erhalten hatte, begriff er nicht.

So sehr war also das Ohr der Kirche erfüllt mit dem Getöse dieser Welt, dass sie die Schritte des Herrn in Seinem Heiligtum nicht vernehmen, das Geschäfte Seiner Hände nicht unterscheiden konnte, und die Kunde von diesen Vorgängen wesentlich auf ihren Entstehungsort beschränkt blieb. Mochte auch ein Gerücht davon auf den Kontinent herüber gedrungen sein, so war es doch nicht zu Lutzens Ohr gelangt. Hatte aber Lutz den Herrn in Seinem Werke nicht gefunden, so hatte doch der Herr, der diejenigen kennt, die auf Ihn harren, Seinen Knecht gefunden. Als seine Zeit da war, hatte Er ihm Seinen Boten gesandt und ihm Sein Heil verkündigen lassen.

Wie licht und friedlich, rein und himmlisch erschien dann auch das Bild der apostolischen Gemeinden nach Cairds Beschreibung! Da wurde die in der Kirche eingetretene Spaltung nicht als zurecht bestehend anerkannt. Da kannte man nur Eine Kirche, zu welcher alle Getauften gehören, und die Engherzigkeit, womit die Angehörigen der verschiedenen Konfessionen einander zu begegnen pflegen, war allumfassender Bruderliebe gewichen. Da gab es keine Lehrstreitigkeiten. Jede Kirchenabteilung fand hier das ihr eigentümliche Gute, den ihr erhalten gebliebenen Schatz göttlicher Wahrheit wieder, vervollständigt durch den ihr fehlenden Teil, dessen Verlust von ihren geistlich gesinnten Gliedern mehr oder weniger schmerzlich empfunden worden war.

Da fand sich apostolische Gnade, die Ausrüstung der Kirche mit den Gaben des Heiligen Geistes und die Aufrichtung der vollkommenen Ordnungen Gottes. Da waltete apostolische Weisheit und apostolisches Regiment, unter dessen Schutz die geistlichen Gaben sich recht entfalten konnten.

Hier erfüllte, fortwährend genährt und gestärkt durch die Stimme des Trösters, das Licht der Hoffnung, die Sehnsucht nach der Zukunft des Herrn die Herzen und befähigte die Kinder Gottes, ihr Leben über dieser Welt zu führen und sich für Jesum rein zu erhalten. (1 Joh. 3, 3.)

Hier fanden sich die rechten Gottesdienste der Kirche, wie sie abgeschottet sind im Gesetze Moses und eine Wiederspiegelung des hochheiligen Dienstes darstellen, den Jesus als unser Hoherpriester an dem goldenen Altare im Himmel ausrichtet. (Ofb Joh. 8, 3.)

Lutz blieb kein Zweifel, er sah hier Gottes Werk. Er fand hier die Sehnsucht seines Herzens nach den ursprünglichen Zuständen der Kirche in überschwänglicher Weise gestillt. Sein Herz jubelte, sein Geist betete an.

Was Lutz von Caird über die Entstehung des Werkes des Herrn erfuhr, war auch insofern für ihn von hohem Interesse, als er dadurch befähigt wurde, sein und seiner ehemaligen Karlshulder Glaubensgenossen einstiges Vorgehen in göttlichem Lichte zu unterscheiden. Lutz erkannte, dass in den zu Karlshuld gesprochenen Worten der Weissagung lediglich eine Ankündigung dessen enthalten war, was der Herr zu tun vorhatte, und dass diese Ankündigung denen, an welche sie zunächst gerichtet war, keineswegs das Recht gab, die Ausführung des Vorhergesagten selbst in die Hand zu nehmen.

Er erkannte, dass der Herr allein dies tun könne und dass Er Seine Werke in der Kirche durch Seinen Geist ausrichtet und durch Menschen, die er selbst ausdrücklich dazu berufen und dafür ausgerüstet hat. Lutz lernte die volle Bedeutung des Amtes Christi kennen und die Grenze, welche der Individualität und der persönlichen Selbstbestimmung durch das Gesetz Christi in der Kirche gezogen ist.

Auch in seinem persönlichen geistlichen Leben erstarkte er im Umgang mit Caird. Die Unsicherheit in dem Bewusstsein seines Gnadenstandes, der wir früher öfters bei ihm begegnet sind, wich der Festigkeit des Glaubens, der, ohne zu sehen und zu fühlen, an Christo haftet und aus Ihm in den Sakramenten der Kirche fortwährend Heil und Leben schöpft. Er fand für sein inneres Leben Ruhe, Klarheit, Festigkeit und Frieden.

Lutz wurde es nicht schwer, an die Sendung von Aposteln zu glauben, da er ja längst darauf vorbereitet war und immer schon darauf gewartet hatte. Dabei versäumte er aber nicht die Erfüllung seiner Pflicht, Gottes Werk an der Hand der heiligen Schrift zu prüfen. Wir glauben es den Freunden Lutzens, welche dem Werke des Herrn ferner stehen, schuldig zu sein, wenigstens andeutungsweise auf die Gründe für die Erwartung und Prüfung eines erneuten Apostolates einzugehen, welche sich in der h. Schrift dem Glauben Lutzens mit unabweisbarer Klarheit darboten.

Es unterliegt keinem Zweifel, eine kirchliche Erscheinung, welche den Anspruch erhebt, ein Werk des Herrn zu sein, worin Er durch eine erneute Sendung von Aposteln Seine Kirche aus ihrem zerrissenen und gesunkenen Zustande aufrichten will, stellt die höchsten Anforderungen an den Glauben des Volkes Gottes und im Hinblick auf die zahllosen Sekten, welche in der Kirche aufgetaucht sind und immer noch auftauchen, liegt der Gedanke nahe, auch dies Werk sei eine Sekte, ein schwärmerischer Versuch, das, was den bisherigen Sekten nicht gelungen ist, auf eine neue Weise herbeizuführen. Wenn wir aber alle Ursache haben, neuen kirchlichen Erscheinungen gegenüber auf der Hut zu sein, so darf unsere Vorsicht doch nicht mit Zweifelsucht und Unglauben identisch sein. Ein gesunder geistlicher Sinn wird mitten in der Verwirrung, die uns umgibt und in die wir, bewusst oder unbewusst, mehr oder weniger selbst verstrickt sind, die Überzeugung festhalten, dass ein unmittelbares Eingreifen Gottes in Seine Kirche, um sie aus ihrem gesunkenen Zustande aufzurichten, jederzeit möglich ist. Ja, wenn wir das große Ziel der Kirche im Auge haben, wozu sie nur in der Einheit des Leibes Christi und durch Vollendung in Heiligkeit und «Liebe gelangen kann, so müssen wir ein solches Eingreifen Gottes sogar für wahrscheinlich und für einen Gegenstand der Erwartung für Gottes Volk halten, zumal bei früheren Übergängen einer Periode der Heilsgeschichte in eine andere immer ein Werk der Wiederherstellung und Zurechtbringung stattgefunden hat und sich nicht absehen lässt, wie am Abend der christlichen Haushaltung eine solche Zurechtbringung auf anderm Wege als durch unmittelbares göttliches Eingreifen erreicht werden kann.

Tritt eine kirchliche Erscheinung mit dem Anspruche an uns heran, ein Werk Gottes zu sein, das unsern Glauben fordert, so können wir nach der heil. Schrift nicht ohne Prüfung daran vorübergehen. Der Herr wendet sich an die Gemeinde zu Ephesus mit den Worten (Offenb. 2, 2): „Du hast versucht die, so da sagen, sie seien Apostel und sind es nicht und hast sie Lügner erfunden." Der Herr sagt der Gemeinde nicht, sie hätte diese Männer von vornherein ohne jede Prüfung abweisen sollen, weil keine Apostel mehr zu erwarten seien, sondern Er lobt sie, weil sie dieselben geprüft und in dieser Prüfung als falsch erfunden habe. Erkennt es aber der Herr für recht, dass die Gemeinde eine Prüfung von Männern, die als neue Apostel auftraten, vorgenommen habe, so liegt darin die Voraussetzung enthalten, dass neue Apostel kommen können. Wir erkennen also aus der angeführten Stelle, dass die ersten Christen eine Sendung von weiteren Aposteln für möglich hielten und dass diese ihre Anschauung von dem Herrn vom Himmel herab ausdrücklich als recht und gut anerkannt wurde.

Aber nicht nur eine Prüfung von falschen, sondern auch von wahren Aposteln finden wir in der heil. Schrift, von wahren Aposteln, die nicht zur Zahl der ersten Zwölf gehörten, sondern erst später ihre Sendung erhielten, und diese Prüfung sehen wir von den ersten Zwölfen selbst vorgenommen. Sie prüften den Apostolat des Paulus und Barnabas, der ganz ohne ihr Zutun und ohne ihr Vorwissen ins Leben getreten war, sie prüften ihn an seinen Früchten und erkannten ihn auf Grund dieser Prüfung an.

Wenn also der Herr zu Lebzeiten der ersten Zwölf, da die Kirche in ihrer Jugendblüte stand, einen neuen Apostolat erweckte und wenn die Zwölfe denselben prüften und anerkannten, warum sollte der Herr nicht jetzt, da die Kirche sich in einem gesunkenen Zustand befindet und ohne Wiederaufrichtung und Vollkommenmachung ihr Ziel nicht erreichen kann, wiederum Apostel erwecken und warum sollten dieselben nicht auf Grund einer Prüfung bei den Gläubigen Aufnahme finden? Der Gedanke, dass eine erneute Sendung von Aposteln zu erwarten sei, findet eine mächtige Bestärkung durch die Erwägung, dass, während der Apostolat der ersten Zwölf, der an die Juden gesandt war, nach dem Wegfall des Judas Ischarioth (in Matthias) eine Ergänzung finden musste, der zweite Apostolat, der des Paulus und Barnabas, der ausdrücklich für die Heiden bestimmt war und als solcher doch wahrlich nicht weniger der Ergänzung bedurfte, — im langen Verlauf der Jahrhunderte keine Ergänzung zur Zwölfzahl gefunden und eine solche daher in der gegenwärtigen Haushaltung Gottes noch zu erwarten hat

Aus diesen Ausführungen lässt sich erkennen, wie Lutz zu der Überzeugung kam, dass die Erwartung eines erneuten Apostolates in der heil. Schrift begründet sei.

Später konnte man Lutz erzählen hören: „Ich habe das Werk geprüft und gefunden, dass es aus Gott ist, dass es Wahrheit ist. Wie wohl hat es meinem Herzen getan, aus dem Munde des lieben Caird zu hören, dass es nur Eine Kirche gibt, zu welcher alle Getauften gehören! Dieser Gedanke lebte schon längst in meinem Herzen.

Das hat mich so angezogen. Ähnlich hat sich ja Sailer und Boos auch ausgesprochen. Zehn Jahre habe ich dies Werk mit Ängstlichkeit geprüft, um nicht wieder einen Fehltrittzu tun, um nicht in Schwärmerei zu geraten, aber ich habe nur Wahrheit gefunden, ich habe gefunden, dass es ganz mit den Schriften des Alten und Neuen Testamentes übereinstimmt, dass es Gottes Werk ist. Vieles habe ich gelernt aus den Schriften eines Luther, Boos, Sailer u. A., aber noch mehr habe ich von den Männern gelernt, die Gott als Apostel in diesen Tagen an Seine Kirche gesandt hat."

Was er von Caird über das Werk Gottes vernahm, drang natürlich bald auch zu den Ohren seiner Mutter und einer Schwester, die bei ihm wohnten. Voll Besorgnis äußerten diese einem Verwandten gegenüber: „Er kommt wieder in die gleichen Geschichten hinein, wie in Karlshuld. Nun sitzt er immer mit dem Engländer zusammen und da schreiben sie Bücher mit einander. Es geht nicht gut!" —

Lutz hatte m Oberroth einen großen Zulauf von Gläubigen, die ihn gerne predigen hörten. Unter ihnen waren manche, welchen er im Geiste näher stand und mit welchen er öfters zusammen kam. Diesen machte er von dem, was er gehört hatte, Mitteilung. Er sagte von diesen Freunden: „Wie der Spiritus schnell Feuer fängt, wenn er dem Lichte nahe kommt, so haben auch diese rasch Gottes Werk erfasst." Voll Freude riefen sie aus: „O, das ist ja herrlich, dass wieder Apostel da sind." Man würde sehr irren, wenn man in diesem freudigen Glauben nur die nichtssagende Zustimmung erkennen wollte, welche einem geistig hervorragenden Manne im Kreise seiner Anhänger entgegengebracht wird. Diese Leute waren geistlich auf Gottes Werk vorbereitet. Indem sie die Schmach und Verfolgung erduldeten, die mit dem Bekenntnis zu dem Werke des Herrn in der Folge über sie kam, haben sie bewiesen, dass sie es als solches unterschieden und dass sie nicht Menschen, sondern Gott gefolgt sind.

Später erzählte Lutz auch vielen Geistlichen seines Sprengels und andern von Gottes Werk. Auch durch Caird hatten, wie wir bereits vernommen haben, noch andere römische Geistliche Zeugnis von Gottes Werk erhalten. Eine ganze Anzahl derselben brachte dem Zeugnis Glauben entgegen. Lutz kannte wenigstens 30 römisch-katholische Geistliche, die damals ihren Glauben an die Sendung von Aposteln bekundet haben.

Auch in weiteren Kreisen wurde es nach und nach bekannt, dass Lutz mit dem Werke des Herrn in Verbindung stand; und bald kam es dahin, dass, wenn sich hie und da in der Umgegend etwas von Glauben an die Sendung von Aposteln zeigte, es unter den römischen Geistlichen sogleich hieß: „Dies geht nur von Oberroth aus." Nun erhoben sich Angriffe gegen ihn und er ward in der Presse des Aftermystizismus und Irvingianismus beschuldigt. Lutz nahm diese zum Teil hämischen und boshaften Angriffe nicht immer ruhig hin und stieg indem er zur Abwehr ebenfalls die Presse benützte, mitunter in der Entrüstung allzu sehr auf den Boden hinab, von welchem aus seine Gegner ihre Geschosse gegen ihn sandten. Doch ist seine Ausführung immer getragen von dem Ernste, den ein reines Gewissen verleiht, von dem Bestreben, Licht zu verbreiten, und von der christlichen Milde, die dem Widersacher mit Vergebung entgegen zukommen allezeit bereit ist.

3. Oberhirtliches Verfahren gegen Lutz bis zur Suspension desselben

Bei den Angriffen durch die Presse blieb es indes nicht. Das bischöfliche Ordinariat hielt für nötig, Lutz in Untersuchung zu nehmen, und es begann nun ein Verfahren gegen ihn, das in seinem späteren Verlaufe von dem ehemaligen Verfahren in der Karlshulder Sache, wo es sich um gerechtfertigte Maßnahmen zur Verhütung einer Separation gehandelt hatte, wesentlich verschieden war.

Die Untersuchung begann mit einem Erlasse des bischöflichen Ordinariates vom 4. Oktober 1854. Dasselbe enthielt den Auftrag an Lutz, sich zu erklären, ob er der „Irvingiaischen" Lehre und Sache, deren er beschuldigt werde, geneigt sei. Lutz antwortete unterm 30. Oktober: Wenn die gegen ihn vorgebrachte Beschuldigung, „dass er der „Irvingianischen" Lehre und Sache geneigt sei", den Sinn habe, dass er das in dieser Erscheinung vorhandene Wahre und Gute liebe und anerkenne, so sei dieselbe allerdings begründet, solle aber damit gesagt sein, dass er Irvingianer sei, so müsse er sie als unwahr zurückweisen. Durch Erlass vom 13. Januar 1855 ging ihm der weitere Auftrag zu, anzuzeigen, ob die Schriften „der Ratschluss Gottes mit der Menschheit und der Erde" und „Prüfet die Geister" von ihm verfasst und herausgegeben seien. Unterm 3. Februar 1855 antwortete er: Die Schrift „Prüfet die Geister" (damals in dritter Auflage erschienen) sei von ihm verfasst und herausgegeben. Sie enthalte Abhandlungen, die er im Jahre 1848 bei den Pastoralkonferenzen öffentlich vorgetragen und in demselben Jahre der oberhirtlichen Stelle als Druckschrift vorgelegt habe. Er sei derselben also schon seit 6 Jahren als Verfasser bekannt.

Von dem Buche „der Ratschluss Gottes" sei er indes nicht der eigentliche Verfasser und an der Herausgabe desselben habe er gar keinen Anteil; einige Sätze des Buches stünden geradezu seiner Überzeugung entgegen. Der eigentliche Verfasser und Herausgeber sei einer seiner Freunde.

Unterm 24. Februar 1855 beauftragt, diesen Freund zu nennen, bat er unterm 3. März, ihm dies zu erlassen. Da man aber bei einer am 23. Mai mit ihm vorgenommenen protokollarischen Einvernehmung aus speziellem Auftrage des Bischofs darauf bestand, nannte er Mr. W. Caird aus Montrose in Schottland als den betreffenden Freund.

Unterm 24. Februar 1855 wurde er ferner zur Ablegung des tridentinischen Glaubensbekenntnisses aufgefordert, was ihm schriftlich zu tun gestattet war. Am 3. März sandte er seine diesbezügliche Schrift ein.

Unterm 14. April 1855 wurde sodann von ihm verlangt, er solle die Sätze im „Ratschluss Gottes," welche fremdartige Zutat seien und seiner Überzeugung entgegen stünden, bestimmt und umständlich bezeichnen.

Da das Buch 545 Seiten enthielt und er dasselbe seit fünf bis sechs Jahren nicht gelesen hatte, auch weder eigenes noch fremdes Manuskript ihm zur Hand war, war ihm damit eine Riesenarbeit auferlegt. Er machte sich daran, erhielt aber am 5. Mai den Auftrag, unverzüglich zu entsprechen, weshalb er am 11. Mai 1855 sein Elaborat, soweit es gediehen war, einsandte. Hinsichtlich des Rückstandes suchte er sich damit zu helfen, dass er den Standpunkt des Buches darlegte und die missdeutbaren Punkte so besprach, dass man seine Auffassung derselben daraus erkennen konnte.

Daraufhin wurde er durch ein Schreiben vom 19. Mai 1855 auf den 23. Mai zu einem Konstitut bei dem bischöflichen Ordinariat vorgeladen und von Dompropst Dr. von Allioli, dem Referenten (und späteren Richter) in seiner Sache, über Autorschaft, Inhalt und Verbreitung des Buches zu Protokoll vernommen. Er erklärte dabei, dass er alles, was in dem Buche dem Lehrbegriff der katholischen Kirche Widerstreitendes enthalten sein möge, von Herzen verwerfe.

Am 29. Mai sandte er noch nachträgliche Bemerkungen ein.

Da Lutz die Überzeugung gewonnen hatte, dass die gegen ihn zum Ausbruch gekommene feindselige Gesinnung wesentlich durch den Umstand, dass ihm das Dechanat übertragen war, Nahrung empfangen hatte, so entschloss er sich, dies Amt in die Hände des Bischofs niederzulegen, und brachte seine Resignationsschrift (4. Juni) zu Papier. Auf Widerraten einiger Freunde ging er aber wieder davon ab.

Er glaubte nun, am Ende der Untersuchung zu sein, und sah mit jedem Tage dem freisprechenden Erkenntnisse entgegen. Da starb am 2. Juli 1855 der Bischof von Augsburg, Peter von Richarz, ein erleuchteter, edel denkender und mildgesinnter Mann, der Gottes Werk kannte und der Schärfe im Verfahren gegen die Bekenner desselben abhold war.

Noch war die bischöfliche Leiche nicht beerdigt, da erhielt Lutz am 4. Juli von dem Kapitularvikar, Dompropst Dr. von Allioli, den Auftrag, am 9. Juli unfehlbar in curia episcopali zur Vernehmung einzutreffen. Zu gleicher Zeit ließ der Genannte Briefe, die Lutz an Verwandte und Freunde geschrieben hatte, durch die Polizei wegnehmen. In den öffentlichen Blättern erschienen Artikel über Artikel gegen den „Häresiearchen" Lutz und an der Spitze der Agitation gegen ihn standen drei Freunde Dr. von Alliolis.

Die Vernehmung Lutzens wurde von dem Kapitularvikar selbst vorgenommen und währte vom 9. bis 11. Juli. Er wurde dabei über Verfasser, Inhalt und Verbreitung der Bücher: „Über den Ratschluss Gottes," „Hoffnungen der Kirche und des Volkes Israel," „das prophetische Wort des Herrn" und „Prüfet die Geister," sowie über seine durch die Polizei weggenommenen Briefe vernommen. Während der Verhandlung sprach Lutz seine Bereitwilligkeit aus, das Dechanatsamt in die Hand des Kapitelvikars niederzulegen, was letzterer aber mit Entschiedenheit zurückwies.

Nach Hause gekommen, sandte Lutz von seinen sämtlichen Druckschriften je ein Exemplar an das Domkapitel ein und erklärte wiederholt, dass er alles verwerfe, was sie etwa gegen den Lehrbegriff der katholischen Kirche enthalten möchten.

Am 18. Juli erhielt er darauf einen vom 13. Juli datierten Erlass, wodurch er seines bischöflichen Dechanatsamtes enthoben wurde. Schmerzlich bewegt zeigte er seine Enthebung Tags darauf der Kapitellsgeistlichkeit an. An dem Ausfertigungstage des genannten Erlasses, dem 13. Juli 1855, war auch ein Generale ausgefertigt worden, wodurch die genannten Druckschriften verboten wurden. Dasselbe wurde an die Bistumsgeistlichkeit mit dem Auftrag gesandt, es von allen Kanzeln zu verkünden. Da mehrere Blätter Lutz als den Verfasser der Druckschriften bezeichnet hatten (mit Ausnahme der Broschüre: „Prüfet die Geister" war er nicht der eigentliche Verfasser), war es nichts Geringes für ihn, öffentlich als ein Mann hingestellt zu werden, der Schriften verfasst habe, die, wie es in dem Generale heißt, „bei allem frömmelnden Scheine voll der gröbsten Irrtümer seien und ihrer ganzen Tendenz nach auf Ablenkung von der göttlichen Lehre, wie sie die heilige, römisch-katholische Kirche zu glauben vorstellt, abzielen sollten."

Das Schwerste für Lutz aber war, dass er selbst dies Verbot von seiner Kanzel herab zu verkünden hatte. Lange kämpfte er deswegen mit sich selbst, endlich aber gewann er es über sich, zu willfahren. Über den Vollzug musste er sich durch ein von dem Oberrother Ortsvorsteher und dem Schullehrer ausgefertigtes Zeugnis vor dem Domkapitel ausweisen.

Die Extradition der Dekanalien fand am 8. August statt. Der mit der Institution des neu ernannten Dekans betraute Geistliche hatte aber auch den ferneren Auftrag empfangen, eine kanonische Visitation der Pfarrei vorzunehmen. Dabei wurden auch mehrere Parochianen über Lehre, Pastoration und Wandel ihres Seelsorgers eidlich vernommen. Das Resultat der Visitation sprach für Lutz, wie das Domkapitel später (in seinem Erkenntnis vom 26. Februar 1856) selbst bezeugte. Am 1. Oktober fand darauf auch eine Schulvisitation statt. Der Prüfungskommissar examinierte die ganze Schuljugend mehrere Stunden lang und zwar meist in Lehren, die als spezifisch katholische bezeichnet werden. Am Schluss sprach er in Betreff der Kenntnisse der Jugend seine vollste Zufriedenheit aus.

Es hatten also zwei von dem Augsburger Domkapitel angeordnete Kommissionen erklärt, dass sich in Lutzens seelsorgerischem Wirkungskreise weder Irrlehre noch Sektenwesen vorfinde, dass er vielmehr katholisch gelebt, gelehrt und gewirkt habe.

So glaubte er denn am Ende seiner Leiden zu sein und sah mit Sehnsucht Tag für Tag einem oberhirtlichen Schreiben entgegen, das seiner Erwartung entsprochen hätte.

Statt dessen erhält er am 18 August 1855 abends 6 Uhr folgendes vom 13. August datiertes oberhirtliches Dekret:

„Im Hinblick auf das zwischen dem Herrn Pfarrer und dem Schotten Wilhelm Caird bisher bestandene Verhältnis und die von ihm mit demselben teilweise besorgten Druckschriften sind wir veranlasst, dem Herrn Pfarrer die nachstehende Erklärung abzuverlangen:

a) Dass er das sogenannte „Werk des Herrn", wie es in dem vorgeblich von dem Schotten Caird verfassten Buche: „Über den Ratschluss" dargestellt ist und wie die Irvingianer oder Neuapostolischen in ihrem Manifest vor aller Welt kund geben, nicht für ein Werk Gottes, sondern für ein Werk entweder der leeren menschlichen Einbildung oder der Verführung des Satans halte;

b) dass er die von demselben gegebene Erklärung der Stelle Ephes. 4, 11, als seien darin die ordentlichen für die Leitung der Kirche für alle Zeit bestimmten Kirchenämter vorgeschrieben,für eine rein menschliche oder teuflische Erfindung halte;

c) dass er die jetzt sich als derlei Apostel, Propheten, Evangelisten, Lehrer und Hirten gerierenden Personen der benannten Sekte für göttlich unberufen, für Betrüger oder Betrogene halte, getäuscht entweder von pur menschlicher Einbildung oder satanischem Einfluss;

d) dass er eine Vereinbarung der irvingianischen Lehren, wie sie in obigem Ratschlusse und dem Manifeste enthalten sind, mit der katholischen Lehre und Übung für eine Unmöglichkeit und ebenso für unmöglich halte, auf ehrliche Weise zugleich wahrer Katholik und ganzer oder teilweiser Anhänger der spezifisch irvingianischen Lehren zu sein;

e) dass er die Lehren von einer ersten, einem Reiche Christi auf Erden vorangehenden Auferstehung und von einer auf unbestimmte Zeit darauf erfolgenden Auferstehung der Gottlosen am Allende als unkatholisch verwerfe;

f) dass er es für verwerfliche, vermessene Schwärmerei halte, die jetzigen Zeitläufte als die Zeit der Wiederkunft Christi oder dessen naher Ankunft zu bezeichnen, da der Herr selbst diese Zeit als dem menschlichen Wissen völlig entrückt erklärt hat, und es keine sicheren Zeichen für seine letzte Ankunft deshalb geben kann;

g) dass er all dieses öffentlich zu bekennen bereit sei.

Diese Erklärung ist sub fide sacerdotali eigenhändig geschrieben und unterschrieben anher zu geben." —

Bisher hatte das Domkapitel sich zu vergewissern gesucht, ob Lutz Glaubensanschauungen hege, die dem Glauben der katholischen Kirche entgegen stünden. Dass es keine hatte finden können, genügte ihm nicht. Es sah, dass immerhin zwischen seinen und Lutzens Anschauungen ein Unterschied bestand; und dies wollte es nicht dulden.

Die Frage, ob diese Verschiedenheit eine erlaubte, eine berechtigte sei, ob Lutzens besondere Glaubensanschauungen göttlich begründet seien, wurde dabei gar nicht in Betracht gezogen. Um nun den vorhandenen Unterschied feststellen zu können, trat das Domkapitel in den angeführten sieben Punkten mit seiner eigenen Anschauung hervor. Indem es aber dies Tat, zerstörte es gründlich die Illusion, dass es mit derselben auf dem Boden der heil. Schrift und der ältesten Kirchenväter stehe.

Was den zweiten (b) der sieben Punkte betrifft, so sagt der Apostel Ephes. 4, 11 ff., „der Herr habe die vier Ämter gegeben zur Vollendung der Heiligen, zum Werke des Amtes, zur Erbauung des Leibes Christi, bis dass wir alle hinan kommen zur Einheit des Glaubens und der Erkenntnis des Sohnes Gottes, zu einem vollkommenen Manne, zum Maße des Alters der Fülle Christi." Da wir alle zu diesem Ziele noch nicht hinan gekommen sind, so ist das Werk des vierfachen Amtes auch noch nicht völlig ausgerichtet. Dass es viele Jahrhunderte hindurch nicht oder nur teilweise vorhanden war, beweist nicht, dass es nicht mehr nötig ist. Der Herr kann es wieder geben und, da die Kirche für die Zukunft des Herrn in Heiligkeit bereitet werden soll, so ist zu erwarten, dass Er es wieder gibt.

Was den fünften Punkt (e) betrifft, so verwirft das Domkapitel die Lehre von der ersten Auferstehung, die Offenb. 20, 4—6 mit klaren Worten ausgesprochen ist, wo es heißt: „Die Seelen der Enthaupteten um des Zeugnisses Jesu und um des Wortes Gottes willen und die nicht angebetet hatten sein Bild und nicht genommen hatten sein Malzeichen an ihre Stirn und auf ihre Hand, diese lebten und regierten mit Christo tausend Jahre. Die andern Toten aber wurden nicht wieder lebendig, bis dass tausend Jahre vollendet wurden. Dies ist die erste Auferstehung. Selig ist der und heilig, der Teil hat an der ersten Auferstehung; über solche hat der andere Tod keine Macht, sondern sie werden Priester Gottes und Christi sein, und mit ihm regieren tausend Jahre." Hier ist also klar gesagt, dass die erste Auferstehung einem Reiche Christi, nämlich dem tausendjährigen Reiche, vorausgeht. Was das Domkapitel in diesem Punkte von einer auf unbestimmte Zeit darauf erfolgenden Auferstehung der Gottlosen am Allende sagt und als unkatholisch verworfen wissen will, wird in Gottes Werk gar nicht gelehrt. Die allgemeine Auferstehung ist nicht nur eine Auferstehung der Gottlosen, sondern auch der Gerechten, die an der ersten Auferstehung nicht teilgehabt haben, und sie erfolgt nicht auf unbestimmte Zeit nach der ersten Auferstehung, sondern nach einer bestimmten Zeit, eben nach dem Reiche von tausend Jahren.

Was den sechsten Punkt betrifft, so sagt der Herr, dass weder Tag noch Stunde Seiner Wiederkunft jemand wisse. Niemand weiß den Zeitpunkt selbst anzugeben, an welchem der Herr kommt. Wenn aber das Domkapitel es für Schwärmerei erklärt, im Allgemeinen gewisse Zeitläufte als die Zeit der Wiederkunft Christi zu bezeichnen, indem es keine sicheren Zeichen für seine letzte Ankunft geben könne, so widerspricht es dem Herrn Jesu Christo selbst. Derselbe sagt Matth. 16, 2. 3: „Des Abends sprechet ihr: Es wird ein schöner Tag werden, denn der Himmel ist rot; und des Morgens sprechet ihr: Es wird heute Ungewitter sein, denn der Himmel ist rot und trübe.

Ihr Heuchler, des Himmels Gestalt könnet ihr beurteilen, könnet ihr denn nicht auch die Zeichen dieser Zeit beurteilen?" Hier rügt der Herr diejenigen, die sich außer Stande erklären, die Zeichen der Zeit im Allgemeinen zu beurteilen. Und Matth. 24, wo Er von Seiner Zukunft spricht, sagt Er den Jüngern Vers 32 und 33: „An dem Feigenbaum lernet ein Gleichnis. Wenn sein Zweig jetzt saftig wird und Blätter gewinnt, so wisset ihr, dass der Sommer nahe ist. Also auch, wenn ihr dies alles sehet, so wisset, dass es nahe vor der Türe ist." Hier sagt der Herr, dass, wenn die Zeichen Seiner Zukunft, die sie beurteilen können, eintreten, sie wissen sollen, dass es nahe vor der Türe sei. Der Herr sagt also selber, dass man auf Grund von Zeichen die Nähe Seine Zukunft wissen könne und solle, dass es also gewisse Zeichen Seiner Zukunft gebe. Was hier der Herr sagt und nichts Weiteres wird auch in Gottes Werk gelehrt. Zeit und Stunde der Wiederkunft des Herrn wird nicht bestimmt, es wird nur gesagt, dass Er nahe vor der Türe ist.

Ferner sagt der Herr in dem Gleichnis von den zehn Jungfrauen, dass Seinem Kommen der Weckruf vorangehe: „Siehe der Bräutigam kommt" und dass, durch diesen Ruf aus ihrem Schlafe erweckt, die Jungfrauen sich aufmachen, dem Herrn entgegen zu gehen. Ist dieser Weckruf nicht ein sicheres Zeichen der Wiederkunft des Herrn und wissen diejenigen, welche sich aufmachen, Ihm entgegenzugehen, nicht gewiss, dass der Herr zu ihren Zeitläuften kommen wird? Wer freilich den von dem Geist der Weissagung, der da ist das Zeugnis Jesu (Offenb. 19, 10), erhobenen Ruf: „Siehe, der Bräutigam kommt" nicht vernommen hat, wird auch nicht glauben, dass die Zukunft des Herrn so nahe ist.

Es war ein verhängnisvoller Standpunkt, den das bischöfliche Ordinariat in seiner damaligen Besetzung einnahm, wenn es, von dem Gedanken ausgehend, dass die römische Kirche von jeher die ganze Fülle der Erkenntnis und Offenbarung besessen habe und noch besitze, sich gegen alle weitere Eröffnung der Geheimnisse des Wortes Gottes verschloss; und doppelt verhängnisvoll war er, da es sich um eine Erkenntnis handelte, welche sich auf die letzte Zeit bezieht. Dem Propheten Daniel wurde gesagt (12, 4): „Und nun, Daniel, verbirg diese Worte und versiegle diese Schrift bis auf die letzte Zeit, so werden viele darüber kommen und großen Verstand finden." — Also die Offenbarungen hinsichtlich der letzten Zeit, die dem Daniel gegeben worden waren, wurden verborgen und versiegelt bis auf die letzte Zeit. Erst in der letzten Zeit werden sie eröffnet, nicht früher, und dann erst werden viele darüber kommen und großen Verstand finden. — Wie kann die römische Kirche diese Dinge, die erst der letzten Zeit enthüllt werden sollen, schon immer gewusst haben? Und wie kann sie dieselben erkennen, wenn sie sich gegen die erst in der letzten Zeit stattfindende Enthüllung derselben verschließt? Und wie können in der römischen Kirche die „Vielen" gefunden werden, die darüber kommen und großen Verstand finden, wenn ihren Gliedern der Zugang zur Erkenntnis verwehrt wird?

Unter diesen Umständen kann man sich freilich erklären, wie es kam, dass das bischöfliche Ordinariat in Bezug auf die Zeichen dieser Zeit, die Zukunft des Herrn und die erste Auferstehung, Gegenstände, welche alle der letzten Zeit angehören, Ansichten äußerte, die mit der heil. Schrift in offenbarem Widerspruch stehen.

Das Domkapitel verlangte aber von Lutz nicht nur, dass er die genannten Schrift-wahrheiten, die auch in der alten Kirche geglaubt wurden, sondern dass er auch die ganze kirchliche Erscheinung, in welcher sie wieder aus der Vergessenheit hervor geholt und auf den Leuchter gestellt wurden, dass er Gottes Werk verwerfe.

Damit war Lutz vor die Alternative gestellt, sich Menschen und ihren Gedanken zu unterwerfen, oder Gott die Ehre zu geben und sich zu dem Zeugnis zu bekennen, dass Er jetzt am Abend der christlichen Haushaltung in Seiner Kirche gegeben hat. Am 23. August sandte Lutz ein Schreiben an das bischöfliche Ordinariat, worin er sich außer Stande erklärt, die sieben Punkte mit „Ja und wahr" zu unterzeichnen,und die Gründe dafür angibt. Unterm 19. September darauf erhielt er in einem vom 14. September ausgestellten Erlasse eine ausführliche Erläuterung der sieben Punkte zugesandt, und es ward ihm eine Frist von acht Tagen gegeben, innerhalb welcher der oberhirtliche Auftrag vom 13. August zum Vollzug zu bringen, resp. die sieben Punkte mit „Ja und wahr" zu unterzeichnen seien, widrigenfalls Lutz als Renitent betrachtet und nach Maßgabe der kanonischen Satzungen behandelt werden würde.

Lutz antwortete unterm 24. September 1855, dass sein Gewissen ihm nicht gestatte, die sieben Punkte mit „Ja und wahr" zu unterzeichnen; er bitte daher die oberhirtliche Stelle, ihn von diesem Auftrage zu entbinden.

Das Domkapitel gab ihm darauf unterm 5. Oktober (præs. d. 8t.) die tertia admonito canonica und eine Frist von drei Wochen, nach deren Verlauf mit Sentenzierung Lutzens nach Maßgabe der Canonen vorgegangen werde. Weitere Erläuterungen einer gegenteiligen Handlungsweise von Seiten Lutzens würden, fügte es hinzu, fortan nicht mehr Berücksichtigung finden, sondern lediglich ad acta genommen werden.

Dessen ungeachtet sandte er seine in einer drei Bogen starken Vorstellung zusammen-gefassten Gründe, die Bejahung der sieben Punkte abzulehnen, am 27. Oktober 1855 dem Domkapitel zu und sah nun schweren Herzens der ihm angedrohten Sentenzierung entgegen. Es verging aber Woche für Woche, ja Monat für Monat, ohne dass etwas erfolgte. Am 4. März 1856 endlich erhielt er den schriftlichen Auftrag, Mittwoch, den 5. März sich am Dechanatssitze einzufinden, um das gegen ihn gefällte oberhirtliche Erkenntnis zu vernehmen. Hier wurde ihm folgendes Aktenstück mitgeteilt:

„Erkenntnis
des Hochwürdigsten
Domkapitels des Bistums Augsburg.

Augsburg, den 26. Februar 1856.

Das Domkapitel des Bistums Augsburg,

Sede episcopali vacante,

hat sich in Sachen des Priesters Johann Georg Lutz, Pfarrers in Oberroth, Landkapitels gleichen Namens, puncto hæreseos Vortrag erstatten lassen und erkennt nach kollegialer Beratung zu Recht:

1. Pfarrer Lutz, angeklagt, der sogenannten neuapostolischen oder irvingianischen Irrlehre verfallen zu sein, ist wegen mangelnden Beweises von einer diesbezüglich verwirkten formalen Häresie, einer formalen Begünstigung der desfälligen Häretiker, sowie im Hinblicke auf seine früheren Verirrungen von einem formellen Rückfall in die Häresie, zur Zeit frei zu sprechen; ist aber

2. auf Grund der von ihm nicht hinlänglich beigebrachten Beweismittel für seine Unschuld
der verwirkten formalen Häresie, der Begünstigung der desfälligen Häretiker und des Rückfalles in die Häresie zur Zeit verdächtig und somit dieses Verdachtes schuldig;

3. Somit wird dem Pfarrer Lutz auf Grund von Kap. 13. § 2. Tit. III. de hæeret. Lib V. Der Dekretalen im Zusammenhalt mit Kap. 9. desselben Titels auferlegt, die diesem Erkenntnisse beigegebenen Abjurationspunkte mit dem tridentinischen Glaubensbekenntnisse zu beschwören und zu veröffentlichen.

4. Unterwirft sich Pfarrer Lutz dieser Auflage innerhalb vierzehn Tagen a die publicationis nicht, so ist er ipso facto ab omni exercitio ordinis et juridictionis (d. i. eben damit von aller Ausübung des geistlichen Amtes und Berufes) suspendiert und bleibt es in so lange, als er in seiner Renitenz beharret;

5. Leistet er aber auch innerhalb Jahresfrist a dato die obige Abjuration nicht, so wird er nach Verfluss des Jahres als formaler Häretiker betrachtet und verfällt in die diesbezüglichen Strafen.

6. Für den Fall der Unterwerfung oder Nichtunterwerfung unter die gemachte Auflage hat Pfarrer Lutz die Disziplinarstrafe eines vierwöchentlichen Aufenthaltes im Diözesanseminar zu Dillingen nach Ablauf des vierzehntägigen Termins mit dreitägigen Exerzitien beim Ein- und Austritte zu bestehen."

Lutz war also nicht der formalen Häresie selbst, sondern nur des Verdachtes derselben schuldig erklärt worden, und der Hauptgrund dieses Verdachtes wird in dem oberhirtlichen Erlasse mit den Worten angegeben: „Pfarrer Lutz hat den richterlich ausgesprochenen Verdacht dadurch begründet, dass er die während der Untersuchung ihm zur Bejahung vorgelegten Probepunkte zu bejahen abgelehnt hat."

Verurteilt war Lutz zur Beschwörung und Veröffentlichung des tridentinischen Glaubensbekenntnisses (das er schon am 3. März 1855 beschworen hatte) und der dem Erkenntnis beiliegenden Abjurationspunkte, sowie zu einer vierwöchentlichen Disziplinarstrafe.

In den Abjurationspunkten, die sich nur als eine etwas veränderte neue Auflage der bekannten sieben Punkte darstellten, war ihm aufgegeben, über Männer, die er als rechtgläubig kannte, und über ein religiöses Werk, in welchem sich die göttliche Gnade unverkennbar kund gibt, ein Verdammungsurteil auszusprechen. Ebenso sollte er Lehren als irrig verwerfen, die in der heil. Schrift klar ausgesprochen und von jeher in der katholischen Kirche geglaubt worden sind. Lutz entschloss sich nun, zu appellieren. Am 10. März setzte er das Domkapitel in Kenntnis, dass er die Appellation ad Secundam ergreife, reichte am 12. März, seinem 56. Geburtstage, eine Bitte um Erlass der Disziplinarstrafe ein und meldete am 31. März bei dem erzbischöflichen Metropolitangericht München-Freising seine Appellation an.

Da am Mittwoch in der Karwoche die ihm angedrohte Suspension in Kraft treten sollte, war es keine geringe und eine freudige Überraschung für ihn, als er am Palmsonntage ein vom 13. März datiertes Schreiben des Domkapitels empfing, in welchem dasselbe ihm, ohne dass er darum gebeten hatte, eröffnete, dass man seiner Appellation ad Secundam außer dem Devolutiv- auch den Suspensiveffekt zugestehen wolle, er also ab exercitio ordinis et jurisdictionis insolange nicht suspendiert sei, als nicht das Erkenntnis Secundæ dem Urteil Primæ beigetreten sei. Lutz sprach dafür seinen warmen Dank aus.

Er arbeitete nun unausgesetzt an seiner Appellationsschrift an das Metropolitangericht, als er von dem letzteren ein Schreiben vom 17. April erhielt, worin es ihm eröffnete, dass es im Hinblick auf gewisse Bestimmungen des Konziliums von Trient, sowie auf die Konstitutionen einiger Päpste in Sachen des Glaubens, welche dem römischen Stuhle reserviert seien, sich für verpflichtet halte, den Rekurrenten auf diesen Weg zu verweisen.

Das war ein Schlag für Lutz. Geraume Zeit war er unschlüssig, ob er nicht von aller Appellation abstehen solle, entschloss sich dann aber doch dazu. Am 30. April setzte er das Augsburger Domkapitel davon in Kenntnis, bat behelfs seiner Appellation um eine Frist von wenigstens 60 Tagen und stellte am 2. Mai die weitere Bitte, die Suspension auch ferner so lange zu sistieren, bis das Erkenntnis des päpstlichen Stuhles der Sentenz des Augsburger Domkapitels vom 26. Februar 1856 beigetreten sein würde.

Allein an demselben Tage, den 2. Mai, erhielt er einen vom 30. April datierten Erlass des Domkapitels, worin erklärt wurde, dass nun der Suspensionseffekt der Sentenz cessire, und zugleich wurde ihm ein Termin von acht Tagen zur Unterwerfung gegeben, nach deren Ablauf zum Vollzug der Sentenz geschritten und ein Pfarrvikar für die Pfarrei Oberroth aufgestellt werde, nach dessen Eintreffen Lutzens Suspension ab ordine et jurisdictione ipso facto eintrete.

Hiermit schien die Sache abgeschlossen, als unerwartet am 6. Mai eine dritte Kommission vom Domkapitel eintraf. Alle Männer der Pfarrei wurden nach voran gegangener Beeidigung einzeln über die Pfarreiverhältnisse, über die von Lutz vorgetragene Lehre, über seine Pastoration und seinen Wandel vernommen.

Die Vernehmung währte drei Tage, am vierten Tage musste sich auch Lutz derselben unterziehen. Nach Beendigung derselben berief der Untersuchungskommissär die Gemeinde- und Stiftungs-Verwaltung zu sich, erklärte ihr, es finde sich weder Irrlehre noch Sektiererei vor und beauftragte sie, dies auch der Gemeinde mitzuteilen.

Bei dieser Gelegenheit stellte Lutz an die Kommission die Frage und Bitte, ob das Domkapitel, wenn auch nicht die Suspension, doch die Exkommunikation so lange sistieren möchte, bis der Papst in der Sache gesprochen habe. Er erhielt zur Antwort, dass, ungeachtet seiner Appellation an den päpstlichen Stuhl, die Exkommunikation am bestimmten Tage über ihn werde ausgesprochen werden. Hebe aber der Papst das erstrichterliche Erkenntnis auf, so falle damit auch die Exkommunikation weg.

So kam es denn zum Vollzug des Erkenntnisses. Lutz war eben auf dem Wege zur Kirche, um die Beichte seiner geliebten Schuljugend zu hören, als ihm der Bote das vom 14. Mai datierte Suspensionsdekret überreichte. Am Samstag vor dem heil. Dreieinigkeitstage, dem 17. Mai 1856, wurde er von aller Ausübung des geistlichen Amtes suspendiert und für die Gemeinde in der Person des bisherigen Benefiziumsvikars, um welchen Lutz selbst gebeten hatte, auf Lutzens Kosten ein Pfarrvikar aufgestellt. Tags darauf schloss er sämtliche Pfarrbücher ab und übergab sie samt Siegel und Registratur dem Pfarrvikar.

Nun lag es Lutz ob, die vierwöchentliche Disziplinarstrafe im Klerikalseminar in Dillingen auf sich zu nehmen. Sich in das Infamierende dieser Strafe zu finden, fiel ihm außerordentlich schwer. Viermal bat er, ihm diese Strafe zu erlassen, aber es half nichts. Die oberhirtliche Stelle wies ihn auf den schuldigen Gehorsam hin und drohte mit der Exkommunikation. Er machte nun noch den Versuch, wenigstens eine Milderung der Strafe zu erlangen, und bat, man möge ihm doch gestatten, die Strafzeit in Oberroth oder bei einem der benachbarten Dekane zuzubringen, erhielt aber auch darauf eine abschlägige Antwort. So unterwarf er sich denn und machte sich auf den Weg nach Dillingen, wo er am 15. Juli eintraf. Hier wurde er von dem Regens mit großer Teilnahme, Liebe und Freundlichkeit empfangen. Zur Wohnung wurde ihm ein gegen Süden gelegenes Zimmer angewiesen, das ein verstorbener Freund von ihm, Professor Stempfle, als Präfekt ehemals inne gehabt hatte. Aus den Fenstern desselben eröffnete sich die Aussicht ins schöne gekrönte Höhe bei Aislingen. Im Zimmer befanden sich Tisch, Sofa, Sessel und Kommode; Bilder des gekreuzigten Heilandes und der vier Evangelisten schmückten die Wände und in einem Nebenzimmer befand sich Bett und Kleiderschrank, — wie man sieht, ein ganz erträglicher Strafort. Auch für Bedienung war gesorgt. Ein alter treuherziger Diener, Namens Dominikus, brachte ihm das Essen und besorgte mit größter Bereitwilligkeit seine kleinen Bedürfnisse.

Da Lutz in Dillingen seine Studien gemacht und in dem Klerikalseminarsgebäude, worin er sich jetzt als Pönitent befand, seine praktische Ausbildung für Priesteramt und Seelsorge erhalten hatte, so erwachten in ihm bei der Besichtigung der altbekannten Orte oder in der abendlichen Einsamkeit seines Zimmers tausend Erinnerungen. Die ehrwürdigen Gestalten seiner einstigen Lehrer, die längst zur Ruhe eingegangen waren, traten wieder lebendig vor seine Seele. Oft versetzte er sich im Geiste in ihre ehemaligen Hörsäle und ließ den Inhalt ihrer Vorträge vor seinem Geiste vorüberziehen. Besonders ergreifend war für ihn das gemeinschaftliche Morgen- und Abendgebet der Alumnen in der Hauskapelle und das Tischgebet im Refektorium. Da lebte jedes Mal der Alumnus wieder in ihm auf und er fühlte sich mächtig hingezogen, mit ihnen in der Hauskapelle dem heil. Opfer beizuwohnen und an ihrem Tische zu speisen. Das Bewusstsein, Pönitent zu sein, bannte ihn indes meist auf sein Zimmer oder in die Säle der Bibliothek und hielt ihn sogar von den ihm gestatteten Spaziergängen ins Freie zurück.

Sowohl der Regens Anton Eber als auch der Subregens Joseph Hieber taten alles Mögliche, um ihm seine Lage zu erleichtern. Täglich besuchten sie ihn auf seinem Zimmer. Lutz bewahrte diesen beiden edlen Männern bleibende Dankbarkeit.

Sein Gemüt war während dieser Zeit oft sehr gedrückt, doch die Gnade Gottes und die Freundlichkeit, die er von den genannten Herren erfuhr, halfen ihm jedesmal auf, so dass er immer wieder getrost, ja oft voll Zuversicht der Zukunft entgegensehen konnte.

Während seines Aufenthaltes in Dillingen wurden die sieben Fragepunkte, sowie die Abjurationspunkte Satz für Satz durchgesprochen. Er kam dabei zu dem Entschlusse, die Sache einstweilen ruhen zu lassen und die Ankunft des neuen Bischofs Michael Deinlein abzuwarten. Diesen wollte er dann um seine Vermittlung angehen. Unterdessen brachte er seine Bemerkungen über die Abjurationspunkte zu Papier und formulierte sie so, dass sie der bestimmte Ausdruck seiner Überzeugung waren. So kam der Schluss seiner vierwöchentlichen Strafzeit heran. Am 12. August schied er gerührten und dankbaren Herzens und zog der Heimat zu.

4. Exkommunikation und Abschied von Oberroth

Nach Hause gekommen legte er in einem Schreiben vom 13. September dem Bischof seine Sache und das von Seiten des bischöflichen Ordinariats bis dahin gegen ihn eingeschlagene Verfahren kurz dar, bat, einen ausführlichen Bericht darüber vorlegen zu dürfen, und sprach die Hoffnung aus, der Bischof werde auf Grund desselben das Erkenntnis des Domkapitels aufheben. Ein Brief vom 25. September brachte ihm die Antwort des Bischofs. Eine Stelle dieses Briefes lautete wie folgt:

„Wenn Sie wahrer Katholik sind, bleibt Ihnen nichts übrig, als sich unbedingt zu ergeben. Glauben Sie aber, dass erst nach 1800 Jahren die Irvingianer die wahre Kirche gründen, so scheiden Sie aus der katholischen Kirche, gehen Sie zu dieser Sekte und suchen Sie dort Ihr Heil. Das Brot der Kirche zu essen und gegen die katholische Kirche zu wirken, ist perfid und darf nicht geduldet werden."

Man kann sich denken, wie der in diesem Schreiben angeschlagene Ton Lutz berühren musste. In dem Schreiben kommt offenbar eine ehrliche Entrüstung zum Ausdruck, findet sich aber weder eine Spur von Verständnis für Gottes Werk, noch eine Ahnung von den Gewissenskämpfen, die der schwer geprüfte Mann durchzumachen hatte, da es galt, nicht nur den kirchlichen Vorgesetzten den schuldigen Gehorsam zu leisten, sondern auch Gott dem Herrn in Seinem unmittelbaren Eingreifen in die Kirche Treue und Gehorsam entgegenzubringen. Deinlein wirft Lutz Perfidie vor und doch war letzterer nur durch den Unglauben, welchen seine Richter dem Werke Gottes, wie der heil. Schrift, entgegen brachten, in die Lage versetzt worden, nach dem Worte St. Petri zu handeln, der gegenüber den jüdischen Oberen darauf hinwies, dass man Gott mehr gehorchen müsse, als den Menschen. Eigentümlich mochte Lutz auch der Hinweis auf das Brot der Kirche berühren, da er, wie man sich erinnert, einen wesentlichen Teil seines Einkommens zu Kultusbauten verwendet hatte.

Von Bischof Deinlein war keine Hilfe zu erwarten, dies sah Lutz ein. So ergab er sich denn in sein Schicksal und wartete die Exkommunikation ab. Während dieser Zeit schrieb er ein Abschiedswort an seine Gemeinde Oberroth als Ersatz dafür, dass es ihm nicht vergönnt war, von der Kanzel aus noch ein letztes Wort an sie zu richten. In diesem Abschiedswort, das er auch drucken ließ, sprach er sich über die Veranlassung zu seiner Amtsentsetzung folgendermaßen aus: „Ich habe nichts getan, das mir diese Absetzung und Ausschließung zugezogen hätte, sondern etwas nicht tun wollen. Gott hat nämlich in unsern Tagen etwas getan, was der ganzen Kirche auf Erden zum Heile gereichen kann. Ich glaubte, dass es sich ganz gut mit dem Dogma und den Ordnungen der römisch-katholischen Kirche in fast allen Punkten vereinigen lasse. Allein das Hochwürdigste Domkapitel war anderer Ansicht und hat es verworfen. Ich aber kann es nicht verwerfen; darum bin ich selbst verworfen worden. Der Herr, auf den ich vertraue, wird mich nicht verlassen. Ergeben in Seinen heiligen Willen rufe ich mit einem frommen schwer-geprüften Dulder des Alten Bundes: „Der Herr hat es gegeben; der Herr hat es genommen; der Name des Herrn sei gepriesen." Hiob 1, 22.

In den folgenden Worten erkennt man, wie es ihm bei seinem Abschied ums Herz war, und wie innig das Verhältnis war, in welchem er zur Gemeinde stand: „Der Herr mein Gott, dem ich von Jugend auf zu dienen gesucht habe, hat in letzter Zeit viele und schwere Opfer von mir gefordert; das schwerste aber ist das Opfer meiner Pfarrgemeinde. Sechszehn Jahre lang hab' ich für euch und eure Kinder gelebt und ihr seid mir dadurch so lieb und teuer geworden, wie mein eigenes Leben. Schwer war der Kampf, bis ich Ihm willig auch dies Opfer bringen konnte. Seine Gnade hat es mir möglich gemacht. Vor Allem danke ich euch nun für alle Liebe, die ihr mir seit sechszehn Jahren in so reichem Maße erwiesen, und wodurch ihr mir meine seelsorgerliche Arbeit an euch so sehr erleichtert, meine mannigfaltigen Leiden versüßt und meine Laufbahn geebnet habt. Ich danke euch insbesondere für euer würdiges, wahrhaft christliches Verhalten, für eure ganze Handlungsweise während meiner Leidenszeit.' Viele von euch haben viel für mich gebetet, während mein Name von einigen meiner Mitpriester geschmäht und an den Pranger der Ketzerei geheftet worden ist. Ich habe — Gott ist Zeuge dessen! — viel, unaussprechlich viel gelitten, körperlich und geistig; und dass ich nicht unterlegen bin, habe ich eurem Gebete und dem Gebete anderer frommer Menschen zu danken." — Den Hauptbestandteil des mit einem Nachtrag versehenen, 44 Druckseiten umfassenden Abschiedswortes bildet eine Erinnerung an den Inhalt des Evangeliums, wie er es in Oberroth verkündigt hatte.

Endlich nahte das Verhängnis. Am 8. März 1857, dem 2. Fastensonntage, ward Lutz die vom 6. März datierte Sentenz des bischöflichen Ordinariates zugestellt, wodurch er der Strafe der größeren Exkommunikation und der Privation seiner Pfründe für verfallen erklärt wurde. Er empfing sein Urteil mit gemischten Gefühlen. Traf ihn auch der längst erwartete Schlag nicht unvorbereitet, so empfand er ihn, da er nun gefallen, doch schwer und schmerzlich. Wenigstens verband sich aber bei ihm mit diesen Gefühlen das tröstliche Bewusstsein, jetzt am Ende seiner dritthalbjährigen Leiden angelangt zu sein.

Nun sollte er aufs Neue den Wanderstab ergreifen und heimatlos in die Welt hinaus ziehen. Das Schriftwort: „Wir haben hienieden keine bleibende Stadt, sondern die zukünftige suchen wir," trat wieder mit der Kraft, welche die Erfahrung verleiht, wie ehedem in [127] Karlshuld, vor seine Seele. Indes machte die Ordnung seiner zeitlichen Angelegenheiten einen kurzen Aufschub nötig. Auf seine Eingabe wurde, da eine andere Wohnung für ihn in Oberroth sich nicht fand, durch das bischöfliche Ordinariat ihm der Aufenthalt im Pfarrhofe noch bis zum 17. April gestattet.

Nun ließ er das bereits erwähnte „Abschiedswort" an die Gemeinde Oberroth jeder dortigen Familie in einem Exemplare zugehen. Seit seiner Suspension war nämlich der Besuch des Pfarrhofes, sowie der Umgang mit ihm verpönt. Man hatte den Leuten gesagt, wer mit ihm umgehe, werde dem Domkapitel angezeigt und von demselben sogleich auch exkommuniziert werden. In Folge dessen hatte fast keines seiner bisherigen Pfarrkinder mehr gewagt, mit ihm auch nur ein Wort zu sprechen. Nun, da sie sein Abschiedswort lasen, brach gegen den Gemiedenen die zurückgehaltene Liebe wieder hervor.

Von den Meisten wurde das Abschiedswort gut aufgenommen, von Vielen unter Tränen gelesen. Da sie darin dieselbe katholische Lehre wieder fanden, die sie immer aus Lutzens Mund vernommen hatten, so wollten sie nicht mehr glauben, dass er ein Ketzer sei, wie man ihnen eingeredet hatte; und viele meinten, man sei zu hart mit ihm verfahren.Das bischöfliche Ordinariat hatte dies vielleicht vorausgesehen und stand schon bereit, gewichtige Schritte zu tun, um einer Parteinahme der Gemeinde-angehörigen für ihn entgegenzutreten. Bereits am nächsten Sonntage kündigte der Pfarrvikar der Gemeinde auf den folgenden Donnerstag die Ankunft des Bischofs selbst an. Er fügte hinzu, Lutz habe es durch sein Abschiedswort dahin gebracht, dass Viele glaubten, man habe ihn unverschuldeter Weise exkommuniziert; der Bischof komme, um der Gemeinde zu erklären, dass Lutz nur, was er verdient, empfangen habe, und um zu retten, was noch zu retten sei.

Da wiederholt das Gerücht verbreitet ward, dass alle, die noch zu Lutz hielten, von dem Bischof aus der römisch-katholischen Kirche ausgeschlossen würden, so sahen die Lutz anhänglichen Leute mit Angst der Ankunft des Bischofs entgegen.

Mittwoch, den 18. März, traf Bischof Deinlein, in Begleitung eines Domvikars, in Oberroth ein. Dieser Gemeindebesuch war der erste, welchen er während seines bischöflichen Wirkens machte. Der 19. März war ein sonniger Frühlingstag. Schon um sechs Uhr Morgens strömte das Volk aus der ganzen Umgegend scharenweise herbei. Um halb 9 Uhr begannen die Glocken zu läuten und bald zog die Gemeinde mit dem Bischof der Kirche zu. Da Lutz seit elf Tagen exkommuniziert war, durfte er, auch wenn er es gewünscht hätte, nicht zur Kirche kommen. Von einem Fenster des Pfarrhauses aus war er indes ein ungesehener Zeuge dieses Zuges. Was mochte da in seiner Seele vorgehen! Als das Geläute verstummt und das Veni Sancte Spiritus angestimmt war, kehrte er auf sein Arbeitszimmer zum Gebet zurück. Der Bischof ließ in der Kirche der Sache Lutzens eine umständliche Behandlung zu teil werden. Zunächst ließ er das Erkenntnis des Domkapitels vom 26. Februar 1856, dann die Entscheidungsgründe desselben, ferner einige der polizeilich weggenommenen Briefe Lutzens vom Altare aus abschnittsweise vorlesen und setzte nach jedem Abschnitt dessen Inhalt mit erläuternden Bemerkungen von seinem Standpunkt auseinander. Stark betonte und öfters wiederholte er, dass Lutz ein Ketzer sei, und forderte nachdrücklichst die Gemeinde auf, den Umgang mit ihm zu meiden. Doch betonte er ebenso stark: die von Lutz 17 Jahre lang unterrichtete und seelsorgerlich gepflegte Gemeinde Oberroth gehöre unter den 800 Pfarreien seiner Diözese in religiöser und sittlicher Hinsicht zu den besten; die Lehre, die Lutz in der Gemeinde vorgetragen, sei recht und gut und man solle sein „Abschiedswort" fleißig lesen.

Wie in dem Erkenntnisse des Domkapitels, so wurde auch von dem Bischof bei dieser Gelegenheit der Umstand hervorgehoben, dass Lutz ungewöhnlich oft von der nahen Ankunft Christi auf Erden und der damit eintretenden Auferstehung der Gerechten gepredigt habe.

Seine eigene Ansicht in dieser Beziehung sprach der Bischof in folgender Weise aus: „Euer ehemaliger Hr. Pfarrer hat euch auch in dem Abschiedswort und sonst öfter hingewiesen auf die nahe Wiederkunft des Herrn. Nun, man lässt's ihm! Wir wollen es nicht glauben, auch euer Hr. Pfarrer wird ins Grab hinab sinken, bevor Er kommt. — Es waren schon viele in der Kirche und haben sie erwartet: Ist Er gekommen? Und wir alle, die wir hier versammelt sind, werden dieselbe nicht erleben, sondern ins Grab hinab steigen, ehe Er kommt." — Lutz bemerkte später dazu „Dass ich noch vorher sterbe, ist sehr leicht möglich, denn ich kann heute noch sterben; daraus folgt aber noch nicht, dass keines von den Anwesenden die Zukunft des Herrn erlebe." — Hierzu sei bemerkt, dass es offenbar ebenso dem Worte Gottes widerstreitet, wenn jemand mit Bestimmtheit sagt, er werde die Zukunft des Herrn nicht erleben, als wenn Einer sagt, er werde sie erleben, es musste denn sein, dass er, wie Simeon (Luc. 2, 26), eine besondere Offenbarung empfangen hätte.

Die ersten Christen lebten bekanntlich in täglicher Erwartung der Zukunft des Herrn. (1. Kor. 1, 7.) Lutzens Hauptgegner, Dompropst Dr. v. Allioli, bemerkt in seinem Bibelwerk, im Widerspruch mit der Äußerung des Bischofs Deinlein, ganz richtig zu 2 Kor. 5, 2: „Da die Zeit der zweiten Ankunft des Herrn unbekannt ist, so konnte sie noch zu Lebzeiten des Apostels (Paulus) eintreten." — Lutz bemerkte dazu in einer Schrift: „Sind nun wir jetzt Lebenden derselben nicht um 1800 Jahre näher gerückt? Können wir sie also nicht erleben? — Die Rede: „Mein Herr kommt noch lange nicht" wird bekanntlich von dem Herrn selbst aufs Schärfste gerügt. (Match. 24, 48.)

Um halb zwölf Uhr war der Akt in der Kirche vorüber. Nachmittags verließ unter Glockengeläute der Bischof Oberroth.

Die österliche Zeit, deren Feier inmitten seiner Gemeinde für Lutz immer von besonderem Segen war, konnte er diesmal nur im Geiste auf seinem Zimmer feiern. Am Auferstehungstage des Herrn aber ward er von besonderer Freudigkeit erfüllt im Hinblick auf die nahende Auferstehung der Gerechten und das auf sie folgende Reich des Herrn. Nach dem Osterfeste nahte der Abschied. Seine Habschaft war versteigert, seine zeitlichen Angelegenheiten geordnet. Viele Jahre hatte er mit seinen Hausgenossen in Frieden und Eintracht gelebt und fühlte sich Allen wegen ihrer Treue und christlichen Gesinnung zu Dank verpflichtet. Sie hatten Leid und Freud redlich mit ihm geteilt. Nun fiel es ihm schwer, sie entlassen zu müssen und zu sehen, wie Eins nach dem Andern mit seiner geringen Habe aus dem allen so lieb gewordenen Hause schied. Schweren Herzens sah Lutz ihnen nach, wie sie, die Schmach der Verketzerung mit ihm teilend, einsam dahin zogen. Seine Mutter war schon vorher entschlafen und ruhte auf dem Oberrother Kirchhofe.

Samstag, den 18. April, schlug auch für ihn die Scheidestunde. Mit Macht zog es ihn noch einmal in die durch ihn aus ihrem Zerfall wieder hergestellte, ihm so lieb gewordene Kirche.

Vormittags 10 Uhr betrat er sie (eigentlich war es ihm nicht mehr erlaubt), schloss beide Türen, um noch eine halbe Stunde allein und ungestört an den Stufen des Altares vor dem Allerheiligsten zu beten. Er betrachtete darauf noch einmal den Beichtstuhl, bestieg die Kanzel, flehte zum Herrn, ihm Alles zu verzeihen, was er während seiner Wirksamkeit in Oberroth gefehlt habe, empfahl Seiner Gnade die geliebte Gemeinde, bat, dass ihm ein Wiedersehen mit ihr beschieden sein möge am Tage des Herrn, und schied dann schweren, aber beruhigten Herzens von dem Gotteshause. Darauf durchschritt er noch in freundlichen Erinnerungen den ganzen Garten, Nachmittags auch noch alle Zimmer des Pfarrhauses, dankte Gott für alles Gute, das Er ihm seit 17 Jahren hierin erwiesen hatte, und verließ für immer auch diese ihm so traute Stätte.

Acht Tage später finden wir ihn in Dietershofen bei Pfarrer Fernsemer, einem der katholischen Geistlichen, die ebenfalls um ihres Glaubens willen an das, was Gott gegenwärtig in Seiner Kirche tut, exkommuniziert wurden. In einem Briefe, den er von dort aus an einen Freund schrieb, findet sich folgende Stelle:

„Könnt' ich jetzt mit meinen ehemaligen Pfarrkindern reden, so würde ich ihnen mit der alten Liebe zurufen: „Lebt wohl, Geliebte! und behaltet im Gedächtnis Jesum Christum, der für uns gestorben und von den Toten auferstanden ist, der nun beim Vater für uns lebt und bald wieder kommen wird! — Wandelt mutig fort auf Seinen Wegen! Behaltet im Gedächtnisse, was ich euch sechzehn Jahre lang gelehrt und in meinem „Abschiedsworte" noch mit warmer Liebe ans Herz gelegt habe. Eine dunkle Wolke der Verleumdung hat sich jetzt auf kurze Zeit zwischen euch und mich gelegt, aber die Sonne ist nahe, vor der alle Nebel schwinden und auch die dunkelste Wolke weichen muss, und dann werdet ihr wieder einsehen, dass ich kein „Ketzer" bin, wie man euch zu glauben fast zwingen will, werdet wieder glauben, wie sehr ich euch geliebt und euer Heil zu sichern gesucht habe. Ärgert euch nicht an der dunklen Bahn, die ich nun eine zeitlang zu wandeln habe! So, meine Lieben, stehet es in Gottes Wort geschrieben und so musste es gehen, wenn Gottes Wort Wahrheit ist. Menschen sind nur Werkzeuge. Wie durch Gottes Fügung für mich eine lange Leidenswoche, ja Leidensjahre gekommen sind, so kommt ganz gewiss und in nicht zu langer Zeit auch ein Ostermorgen, eine Osterzeit, wo wir zusammen ungehindert und aller Schmach entledigt Gott ein freudiges und herzliches Hallelujah anstimmen können und werden." —

Von Oberroth erzählte Lutz später öfters: „In meiner Gemeinde Oberroth habe ich viele Freude erlebt. Wie musterhaft lebten die jungen Leute, die Jünglinge und Jungfrauen. Ich selbst habe in sechzehn Jahren kein uneheliches Kind getauft. Ich duldete nicht, dass die Verlobten die Trauung lange hinaus schoben. Alle, besonders die jungen Leute, waren sehr anhänglich an mich. Als die Anklagen und Untersuchungen gegen mich ins Werk gesetzt wurden, hieß es immer in der Gemeinde: „Was hat man denn immer mit unserem Herrn Dekan?! Er predigt ja so recht. Er redet ja so schön von der Mutter Gottes!" — Dazwischen ließen sich andere Stimmen vernehmen: „Ja, er redet wohl schön von der Mutter Gottes, aber doch nicht so, wie die Andern. Die Andern halten noch mehr auf sie." — Ich redete nämlich an den Marientagen meist nur von den Tugenden Marias, und wie sie bei allem nur auf den Herrn hin gewiesen habe: „Was Er euch sagt, das tut."

Aber nicht nur gegen Lutz, sondern gegen alle Bekenner des Werkes Gottes in Bayern brach der Sturm los, und nun zogen sich viele von denen, welche es im Glauben erfasst hatten, wieder zurück, Geistliche wie Laien. Von den dreißig römischen Geistlichen, die ihren Glauben an Gottes Werk kund gegeben hatten, waren außer Lutz nur fünf bereit, dem Herrn zu folgen. Diese fünf waren: Domvikar Spindler in Augsburg, Pfarrer Fernsemer in Dietershofen, Kammerer Fischer in Obenhausen, Pfarrer Baron St. Marie in Ottmarshausen und Kaplan Egger in Haunstetten. Alle diese wurden exkommuniziert, außerdem eine Anzahl Laien und nicht ohne dass für einzelne Fälle die Polizeigewalt requiriert wurde, eine allgemeine Verfolgung der Gläubigen ins Werk gesetzt. Dieselben flohen vor ihren Bedrängern nach Württemberg. In Ulm ließen sie sich nieder. Hier ward von bayerischen Bekennern die erste apostolische Gemeinde in Süddeutschland gegründet (1857). Kammerer Fischer wurde mit der Leitung derselben betraut. Zu Anfang der sechziger Jahre trat dann, infolge der vielfachen Bemühungen des in Bayern verbliebenen Domvikars Spindler, durch die Milde Sr. Majestät des Königs Maximilian II., der den Bekennern des Werkes des Herrn die Rechte einer Privatkirchengesellschaft gewährte, auch in Bayern die erwünschte Ruhe ein.

Lutz gab nun zunächst seine Verketzerungsgeschichte heraus. Sie erschien 1857 im Verlage von H. Müller in Ulm unter dem Titel: „Gottes Werk in unserer Zeit." Ungefähr zu gleicher Zeit erschien im Verlage von Heider und Zimmer in Frankfurt a./M. die Schrift: „Erklärung der Grundsätze der katholischen Christen in Schwaben, welche unlängst von dem bischöflichen Ordinariat Augsburg exkommuniziert worden sind." Das Lesen dieser beiden Schriften wurde von dem bischöflichen Ordinariate in einem Generale vom 13. Juli 1857 verboten und gegen Ende Juli wurde das Verbot von den Kanzeln des Bistums verkündet. In dem Generale wurde nicht nur der religiöse Standpunkt Lutzens als ein ketzerischer gebrandmarkt, sondern auch sein sittlicher Charakter durch den Vorwurf der Unredlichkeit, Treulosigkeit u. s. w. in der verletzendsten Weise angegriffen, ein Vorgehen, welches Lutz veranlasste, in der 1858 im Verlage von H. Müller in Ulm erschienenen Schrift: „Notwehr wider ungleiche Waffen," sich zu verteidigen. Lutz hatte in seiner früheren Schrift: „Gottes Werk in unserer Zeit" aus der heil. Schrift und aus den Kirchenvätern, ja zum Teil aus dem Bibelwerk des Dompropstes Dr. von Allioli, seines Hauptgegners und Richters selbst, unwiderleglich nachgewiesen, dass die Lehrpunkte, die ihm zur Last gelegt wurden, Lehren des Herrn und Seiner Apostel sind und im Anfang von der katholischen Kirche geglaubt wurden. War der in dem Generale gemachte Versuch, diese Darlegungen zu entkräften, ohne Bedeutung, so versprach das Verbot, die betreffenden Schriften zu lesen, für die Wirkungslosigkeit derselben einen um so sichereren Erfolg. Im Gegensatz zu diesem Verbote muss fortdauernd bezeugt werden, dass es göttliche Wahrheit war, die Lutz und seine Freunde vertraten, und dass mittelst des Verbotes der Schriften, welche diese Wahrheit aussprachen und begründeten, dem Volke Gottes das Licht, das Gott der Herr ihm darbot, verwehrt und der Versuch gemacht wurde, ihm das Mittel und den Weg zur Erkenntnis zu verschließen.

VIII. LUTZ TRITT IN DEN DIENST DER APOSTOLISCHEN GEMEINDEN

Lutz hoffte nun, der Herr werde ihn in Seinem Werke gebrauchen, und freute sich darauf. Schon früher wäre dies sein Wunsch gewesen. Er erzählte in dieser Hinsicht: „Sobald ich fest überzeugt war von dem Werke des Herrn, wäre ich gerne in die von den Aposteln aufgerichteten Gemeinden eingetreten, die Apostel aber rieten davon ab. Sie sagten, ich solle die Stellung, die mir Gott in Seiner Kirche gegeben hat, festhalten und darin für das, was Gott der Herr in der Gegenwart zum Heile Seines ganzen Volkes tut, Zeugnis ablegen. Als ich schon verklagt war und bereits wusste, dass man mich in der römischen Kirche nicht länger dulden werde, und mir der Gedanke nahe trat, den bevor stehenden Kämpfen zu entrinnen und in den apostolischen Gemeinden einen Wirkungs-kreis zu suchen, wollten die Apostel, dass ich zuerst an den Erzbischof und dann an den Papst appellieren solle, damit sie alle das Zeugnis erhielten. So kam das ganze Zeugnis aktenmäßig an den Bischof und den Erzbischof." Die Appellation an den Papst unterblieb.

Zur Zeit als Lutz exkommuniziert wurde und Oberroth verließ, verweilte der ehemalige Augsburger Domvikar und Ordinariatssekretär Ph. Jak. Spindler, der schon vor Lutz exkommuniziert worden war, bereits sechs Monaten in England, um an Ort und Stelle Gottes Werk zu prüfen. Derselbe schrieb in seinen Briefen fortwährend, die Sache verhalte sich wirklich so, wie die daran Beteiligten aussagten; die Geistesgaben und Ordnungen Gottes seien wirklich, wie im Anfange, vorhanden; wer zweifle, solle nur kommen und selbst sehen und hören, und seine Zweifel würden verschwinden, wie Nebel vor der Sonne. Lutz sehnte sich natürlich danach, selbst die apostolischen Gemeinden zu sehen. Nun sollte er Gelegenheit dazu bekommen. Er erhielt eine Einladung nach England und reiste dahin ab. Er erzählte über diesen Besuch wie folgt:

„Als ich Oberroth verlassen hatte, ging ich (1857) nach England, um die apostolischen Gemeinden aus eigener Anschauung kennen zu lernen. Der Apostel Drummond, der sich sehr um meine Angelegenheiten interessierte, nahm mich freundlich auf. Es war mir wieder wohl nach so vielen Stürmen. Ich war sehr begierig auf den Gottesdienst. Am Tage nach meiner Ankunft sagte Mr. Drummond: „Jetzt wollen wir in die Kirche gehen, zuvor aber noch bei dem Propheten (Taplin?) vorsprechen. Ich erschrak darob. Ich dachte an die Propheten des alten Bundes, die zu den Einzelnen redeten: „So spricht der Herr." Ich dachte an meine Vergangenheit, meine Versäumnisse u.s.w. Wir kamen an ein Haus, neben dem ein Garten lag, in welchem ein einfacher Mann beschäftigt war. Mr. Drummond sagte: „Dies ist der Prophet." Derselbe ging freundlich auf mich zu, grüßte mich und drückte seine Freude aus, dass ich soweit vom Bayerland gekommen sei, Gottes Werk und die Gemeinden völlig kennen zu lernen. Er ging mit uns in die Kirche. Ich war nun sehr gespannt auf den Propheten. Ich dachte, ich will sehen, was kommt. Nach der Lesung der heil. Schrift bemerkte ich, dass eine Kraft über ihn komme. Es kam mir vor, als ob sein Gesicht bleich würde, nicht von Schrecken, sondern von der Kraft des Herrn. Es wurden durch ihn Worte des Heiligen Geistes über die Lesung gesprochen.

Caird saß neben mir und sagte mir leise die Worte auf Deutsch ins Ohr. Ich musste staunen über die Fülle von Licht, die über diesen Abschnitt der heil. Schrift verbreitet wurde. Ich hatte dann noch öfter Gelegenheit, den Gottesdiensten beizuwohnen, und war ganz Hingenommen. Dies sind die rechten Gottesdienste. Ich hörte auch Worte der Weissagung von einfachen Gemeindegliedern. Selbst ein zwölfjähriges Mädchen, ein einfaches Bürgerskind, hörte ich weissagen und sogar griechische Verse singen. Ich erhielt auch dort das heilige Siegel Gottes. Hatte ich vorher viel erfahren von den Wirkungen des Heiligen Geistes, so ward mir nun noch vielmehr geschenkt."

„Als ich von England wieder zurück kam, sprach ich noch mit mehreren bayerischen Geistlichen. Ich sagte ihnen, wenn sie noch Bedenken gegen Gottes Werk hätten, mochten sie selbst nach England gehen und die Gemeinden prüfen. Ich habe sie geprüft und sei lebendig überzeugt."

Nun trat Lutz in den kirchlichen Dienst unter den Aposteln ein. Nach seiner Rückkehr aus England hielt er sich zunächst einige Zeit an der apostolischen Gemeinde in Basel auf und wurde dann mit der Leitung der Gemeinde in Bern betraut. Nun hatte er eine Gemeinde, wie sie im Anfange waren, nach welcher er sich schon im Donaumoose gesehnt hatte, eine Gemeinde, die ausgerüstet war mit den Gaben und Kräften des Heiligen Geistes und geleitet wurde von den vollkommenen Ordnungen Gottes. Das Wort der Weissagung war reichlich vorhanden in der Berner Gemeinde, zu welcher nicht nur die Gläubigen, die in der Stadt wohnten, sondern auch die Landbewohner in weitem Umkreise gehörten. Das innige Verhältnis, das Lutz immer mit den ihm anbefohlenen Gemeinden verbunden hatte, bildete sich auch hier wieder. Lutz war so recht ein Mann der Bruderliebe und nicht nur seine Gemeinde, seine Angehörigen und Freunde, sondern alle, die ihm nahe traten, durften sie erfahren. Aus der Berner Zeit stammt eine hübsche kleine Erzählung, die Lutzens Liebe erkennen lässt und zugleich sein schönes Verhältnis zu Caird ins Licht setzt. Bei einem Spaziergange bemerkte er einen Landmann, der auf seinem Acker kniete und betete. Lutz trat hinzu und vernahm von ihm, dass er in großer Bedrängnis sei; er bedürfe notwendig 400 Fr. und er wisse sie nirgends zu bekommen. Lutz ging die Not des Mannes zu Herzen; er hätte ihm gerne geholfen, allein das Einkommen, das er vom Altare bezog, war gerade nur für seinen eigenen Unterhalt bemessen. Er besaß aber ein goldenes Kleinod (war es vielleicht das Ehrenzeichen des Zivilverdienstordens, das er einst im Donaumoose von seinem Könige erhalten hatte?), dem er einen hohen Geldwert beimaß, und dies trug er bei sich. Kurz entschlossen gab er es dem Manne, machte ihn auf dessen Wert aufmerksam und ging weiter. Um die Zeit dieses Spaziergangs war Caird in Lutzens Wohnung eingetroffen, um ihn zu begrüßen. Man sagte ihm, wohin Lutz gegangen sei und er eilte ihm nach. Auch er kam an dem von Lutz beschenkten Landmanne vorüber, der zu ihm trat, um ihn zu fragen, ob der Gegenstand, den er eben von einem guten Herrn bekommen habe, 400 Fr. wert sein möchte. Caird erkannte das ehemalige Eigentum seines Freundes und kaufte es dem Manne ab. Als er dann Lutz erreichte und begrüßte, bemerkte er scherzweise, derselbe sei ihm 400 Fr. schuldig und händigte ihm das Wertstück wieder ein.

Lutz widmete sich in Bern nicht nur der Pflege seiner Gemeinde, sondern hielt auch öffentliche Vorträge, worin er das Werk des Herrn der Berner Bevölkerung ans Herz legte. Er war seiner besonderen Gabe nach ein Prediger des Evangeliums, dies trat immer mehr hervor und dieser seiner eigentümlichen Begabung wurde in der Folge mehr Rechnung getragen. Nach elfjährigem Aufenthalte in Bern empfing er unter Entbindung von der Leitung der dortigen Gemeinde den Auftrag, dem Herrn in der Verkündigung des Evangeliums zu dienen. Lutz war in seinem Leben, wie wir gesehen haben, schon viel gewandert; dazwischen war er aber immer wieder an einzelnen Orten für längere Zeit sesshaft geworden. Nun, in seinem Alter, begann für ihn das eigentliche Wanderleben. Der Umstand, dass er unverheiratet war, erleichterte ihm dasselbe und das Evangelium, die Anfangsgründe des Heils in Christo recht vielen ans Herz zu legen, war seine Lust. Zunächst begab er sich nach Zürich, um eine Reihe von öffentlichen Vorträgen zu halten. Hier stand und steht noch sein Vetter und Leidensgenosse, der ehemalige Kaplan L. Egger von Haunstetten, an der Spitze einer blühenden apostolischen Gemeinde. In Zürich predigte Lutz besonders gern. Die Züricher sind ein Volk, in dessen geistiger Veranlagung der Verstand besonders hervortritt. Lutz sagte, wenn er in diese klaren Gesichter sehe, sei es für ihn eine Freude, ihnen zu predigen.

Im Jahre 1869 kam Lutz nach Augsburg, um auch hier, an dem Orte, an welchem er einstmals eine freundliche Zufluchtsstätte gefunden hatte und von welchem aus dann später so viele Leiden um des Glaubens willen über ihn ergangen waren, eine Folge von Zeugnispredigten zu halten. Hier war schon seit zwei Jahren ein Evangelist tätig gewesen und als Frucht seiner Arbeit war im Oktober 1868 eine kleine Gemeinde ins Leben getreten. Damals lernte der Herausgeber gegenwärtiger Mitteilungen Lutz kennen. Letzterer war damals ein Greis von 68 Jahren, doch noch frisch und kräftig. Er war etwas unter Mittelgröße, untersetzt, langsam und bedächtig in Bewegungen und Manieren. Das Auffallendste an ihm war die hohe, ungewöhnlich stark hervortretende Stirne. Seine blauen Augen leuchteten mild und freundlich. Ein Ausdruck der Geduld und Gelassenheit lag auf seinen Zügen. Man sah ihm an, dass er viel gekämpft und gelitten hatte. Dabei war ihm aber die Elastizität des Geistes keineswegs abhanden gekommen. Er ging auf alles ein, nahm an allem Interesse. Auch war er ein guter und angenehmer Gesellschafter; einfach im Benehmen, bescheiden im Auftreten, liebenswürdig im Umgang und zuweilen voll kernigen Humors. In seine Unterhaltung, so würdig sie war, wusste er heitere Anekdoten einzuflechten. Doch das stehende Gepräge seines Geistes war der Ernst. Sein ganzes Wesen trug den Stempel einer vergangenen Zeit. In ihm wandelte eine der ehrwürdigen Gestalten in unserer Mitte, wie sie Bischof Sailer in seinen Biographien römisch katholischer Geistlichen uns vor Augen führt, deren ungeschminkte Art und inniges Glaubensleben so sehr zu unsern Herzen spricht.

IX. WIEDERKEHR INS DONAUMOOS

Hier, in Augsburg, war Lutz dem Donaumoose wieder nahe. Eines Tages kam ein Mann von dort, eines seiner ehemaligen Beichtkinder, um ihn wiederzusehen. Auf dem Korridor des von Lutz bewohnten Hauses begegnete derselbe dem damaligen Priester der kleinen apostolischen Gemeinde, deren Betlokal Lutz zu Vorträgen benutzte, und ließ sich durch ersteren zu Lutz weisen.

Dieser Mann erzählte dann Lutz, ihm sei im Traum ein Mann erschienen, der ihn aufgefordert habe, in ein Lokal einzutreten, und als er vorhin von einem Herrn zu ihm gewiesen worden sei, habe er in demselben den Mann erkannt, der ihm im Traum erschienen sei.

Im Donaumoose hatte sich damals etwas zu regen begonnen. Durch Anverwandte von Lutz in Untermaxfeld, die durch ihn zur Erkenntnis des Werkes Gottes gekommen, waren Andere hierauf aufmerksam geworden. Nachdem Gottes Werk in Augsburg Boden gefasst hatte, gab sich auch dort ein Verlangen kund, näheres hiervon zu hören, deshalb war ein Evangelist nach dem Donaumoose gereist und sein Zeugnis von Vielen gehört worden. Als nun Lutz in Augsburg Vorträge hielt, trat auch an ihn die Aufforderung heran, im Donaumoose ein öffentliches Zeugnis abzulegen.

Wie mochte damals Lutzens Herz bewegt werden, das den Schatz der ehedem für Karlshuld gehegten Liebe in seinen Tiefen immer noch bewahrte! Anfangs war er zwar ängstlich. Er trug Bedenken, in der Gegend öffentlich aufzutreten, wo ihm ehedem der Aufenthalt behördlich untersagt worden war. Als diese Bedenken von zuständiger Seite gehoben waren, betrat Lutz das Donaumoos wieder. Es war im Jahre 1870. In Untermaxfeld, wo seine Verwandten wohnten, entledigte er sich in möglichster Stille des ihm gewordenen Auftrags. In Karlshuld scheint er, um nicht Unruhe hervorzurufen, keine Besuche gemacht zu haben. Die Leute, die ihn sehen und hören wollten, suchten ihn auf. Lutz erzählte von dieser Zeit: „Ich kam mir vor, wie Moses, der nach 40 Jahren wieder zu seinem Volke kam. Wie Moses in seiner Jugend durch seine Hand helfen wollte, der Herr ihn aber, da es noch nicht an der Zeit war, fort schicken musste, um 40 Jahre die Schafe zu hüten, so musste der liebe Gott auch mich in manche Schule schicken, bis ich hier das verkündigen konnte, was Er in diesen Tagen in der Christenheit tut. Nun gab es ja Gemeinden, wie ich sie erstrebt hatte. Es gab damals auf dem Donaumoose noch Viele, die von der segensreichen Zeit vor 40 Jahren noch eine lebendige Erinnerung hatten, auch solche, die das Wort der Weissagung noch mit eigenen Ohren vernommen hatten; die Weissagenden selbst waren längst gestorben. Unter den Gemeinden gab es etliche, die für das Werk des Herrn, von welchem sie jetzt Kunde erhielten, im Geiste ganz bereitet waren. Diese nahmen das Zeugnis der Evangelisten mit Freuden auf." —

So trug Lutzens 40 Jahre vorher abgelegtes Zeugnis noch eine späte, edle Frucht und das in Karlshuld gesprochene Wort der Weissagung von der Wiederherstellung von Gemeinden, wie sie im Anfange waren, fand im Donaumoose selbst seine Erfüllung. Es bildete sich daselbst eine kleine apostolische Gemeinde, um in lebendiger Hoffnung auf die Zukunft des Herrn zu warten und die Bereitschaft dafür durch die Ämter zu empfangen, auf welche in den zu Karlshuld gesprochenen Worten der Weissagung hingedeutet worden war.

Unter den früher durch Lutz erweckten Personen, die er noch vorfand, war auch eine Frau, die wieder ganz in abergläubisches Wesen zurück gesunken war. Sie hatte in ihrer Jugend einen Traum, den sie damals Lutz erzählte. Es hatte ihr geträumt, sie sei in einen Abgrund gestürzt und indem sie versuchte, sich herauszuarbeiten, immer tiefer hinunter geraten. Es wurde ganz finster um sie her und sie sah keine Rettung mehr. Da kam ein alter Mann, fasste sie am Arme und führte sie heraus und nun war es wieder licht und hell um sie. Sie fragte damals Lutz, was wohl dieser Traum zu bedeuten habe. Er erwiderte ihr, sie möge den Traum im Gedächtnisse behalten; unter den Genannten gab es etliche, die für das Werk er könne jetzt nichts darüber sagen. Als sie nun das Zeugnis von der Wiederkehr der vollen Gnade Gottes aus dem Munde Lutzens vernahm und es gläubig erfassen konnte, erinnerte sie sich dieses Traumes. Sie erkannte in ihrem bisherigen geistlichen Zustand jenen Abgrund und in Lutz den alten Mann, der gekommen war, ihr heraus zu helfen.

Auch im folgenden Jahre (1871) kam Lutz wieder in das Donaumoos. In den folgenden Jahren hielt er Zeugnisvorträge in Ulm (1874 und 1876) und in Geislingen (1875), in Gerstetten und Altheim (1875— 1876). 1876 schlug er in Esslingen in Württemberg seinen gewöhnlichen Wohnsitz auf. 1879 predigte er in Stuttgart. Im März 1880 begab er sich nach Heilbronn, wo er bis August verweilte. Oktober 1881 reiste er nach Nürnberg, wo er bis in das Frühjahr 1882 blieb. Im April kehrte er nach Esslingen zurück.

X. LUTZENS ABSCHIED AUS DEM LEBEN

Mit zunehmendem Alter stellte sich bei Lutz die naturgemäße Abnahme der Kräfte ein. Das Gedächtnis schwand und er musste sich beim Predigen des Manuskriptes bedienen.

Der Vortrag war noch klar und zu Herzen gehend, aber die geistige Energie ließ nach. Im Hinblicke auf sein Alter war Lutz pensioniert worden, aber er konnte nicht ohne Tätigkeit sein; die Verkündigung des Evangeliums war sein Lebenselement; er predigte daher immer noch. Ein besonderer Wunsch von ihm war, in Regensburg, dem ehemaligen Sitze des von ihm so sehr verehrten Bischofs Sailer das Zeugnis von dem Werke des Herrn abzulegen; allein es war ihm nicht mehr gegeben.

Lutz war, ausgenommen das erwähnte jahrelange Drüsenleiden, in seinem Leben nicht ernstlich krank gewesen und dachte nicht an den Tod. Er stand immer in der lebendigen Hoffnung, bei denen zu sein, welche die Zukunft des Herrn erleben. Als er aber die Abnahme der Kräfte fühlte, rechnete er auch mit dem Tode. Er bat den Herrn, wenn es Ihm gefiele, ihn vor Seiner Zukunft abzurufen, ihn doch nicht zuvor lange krank werden zu lassen, damit er nicht andern zur Last fallen müsse. In der letzten Zeit seines Lebens äußerte er, er habe schon öfters gehört, bei alten Leuten, die nicht krank gewesen seien, komme es vor, dass die Lebensmaschine ohne merklichen Anstoß plötzlich stille stehe, und er denke, so könne es auch bei ihm einmal gehen.

Ein besonderes Anliegen war es, das ihn noch erfüllte. Er bat den Herrn, wenn es Ihm gefallen sollte, ihn vor Seiner Zukunft abzurufen, möge Er ihn doch an einem Sonntag Morgen, wenn die Kirchenglocken das Volk Gottes zum Hause des Herrn rufen, sterben lassen. Diese Bitte fand Erhörung.

Am 9. Juli 1882, einem Sonntag, hatte Lutz sich des Morgens angekleidet, um zur Kirche zu gehen und wartete noch auf die kräftigende Fleischbrühe, die seine Pflegerin ihm eben bereitete. Obgleich die Bereitung nicht länger als sonst währte, dauerte sie ihm doch zu lange und bat er im Gefühle zunehmender Schwäche wiederholt um Beeilung. Die Fittige des Todes berührten ihn. Als die Pflegerin ins Zimmer trat, fand sie ihn regungslos im Lehnstuhl sitzend.

Sie suchte ihn zu wecken; da es nicht gelang, rief sie den Hausherrn. Dieser erkannte, dass der Tod eingetreten sei. Lutz hatte vollendet. Der Herr hatte Seinen Knecht zur Ruhe abberufen. Lutz wurde von vielen betrauert; abgesehen von seinen Freunden, besonders von den Armen. Nach seinem Tode fand sich kein Nachlass vor; er hatte alles verschenkt. Sein entseelter Leib wurde auf dem Friedhofe zu Esslingen bestattet. Württemberg, das in der Verfolgung während der fünfziger Jahre den bayerischen Flüchtlingen eine freundliche Zuflucht bot, hat auch diesem Zeugen und Streiter für die Wahrheit die letzte Ruhestätte gewährt. — Der Herr lasse ihn ruhen in seinem Frieden und erwachen zu einer fröhlichen Auferstehung.

Wenn man auf der Bahnlinie Augsburg-Ingolstadt in Niderarnbach aussteigt, so hat man etwa eine Stunde bis nach Karlshuld. Dasselbe hat sich in den 60 Jahren, die zwischen Lutzens Aufenthalt daselbst und der Gegenwart liegen, dem Äußeren nach, offenbar sehr zu seinem Vorteile verändert.

Das Hüttenkirchlein ist längst verschwunden. An seiner Stelle findet sich jetzt das Gendarmeriegebäude. Ihm gegenüber, auf der andern Seite der Straße, ragt die stattliche römisch-katholische Kirche empor. Anfangs der dreißiger Jahre ist sie von König Ludwig I. erbaut worden. Die nächste Anregung zu dem Bau hatten die vielen Bittschriften geboten, die Lutz zu diesem Zwecke von Karlshuld aus eingereicht hatte.

In der Nähe der Kirche erheben sich zwei geräumige Schulhäuser und das Pfarrhaus. Obgleich in Karlshuld immer noch Armut herrscht, tritt sie doch nach außen nicht sehr hervor. Das Dorf hat eine ganze Anzahl ansehnlicher Gebäude, die, teilweise beschattet von alten Bäumen, einen freundlichen Anblick gewähren.

Durchmisst man ein gut Teil der langen Straße und biegt dann links auf die Straße ab, welche nach Augsburg führt, so erhebt sich an der Grenze gegen das Nachbardorf Grasheim, aber noch innerhalb der Karlshulder Gemarkung, ein zweites massiv gebautes Kirchlein mit Pfarrhaus und Schulhaus. Diese Gebäude gehören der protestantischen Gemeinde, die durch den Austritt Lutzens und seiner einstigen Karlshulder Glaubensgenossen aus der römischen Kirche entstanden ist. Die Gemeinde mag jetzt gegen 400 Seelen zählen.

Nach einer weiteren Viertelstunde kommt man wieder an ein kirchenartiges Gebäude und ein daneben befindliches Wohnhaus. Es ist die Kapelle der apostolischen Gemeinde und die Wohnung des Geistlichen.

Diese drei Kirchen bezeichnen die Stationen der Laufbahn, die Lutz im Ringen nach dem Vollbesitz der Gnadengüter des Anfangs durchmessen hat. Mit seinem Namen historisch verbunden sind sie gleichsam ein Denkmal, das die Geschichte selbst ihm gesetzt hat. Sie roden zu uns von dem Glaubensgange eines Mannes, der die geistliche Erbschaft eines Sailer und Boos in seiner Jugend aus erster Hand überkommen hat und der, indem er sie sein ganzes Leben hindurch treu bewahrte, am Abend seiner Tage sich rühmen durfte, die göttliche Hilfe für die Kirche gefunden zu haben, auf welche Bischof Sailer in prophetischem Geiste hingewiesen hat.